달달 읽고 **곰곰** 생각하는

달곰한
문해력 기본서

5~6학년, 예비 중1 추천

초등
6단계
A

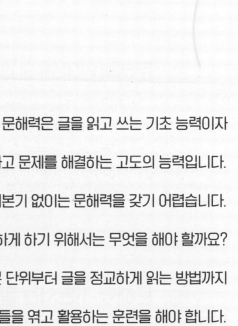

문해력은 글을 읽고 쓰는 기초 능력이자

글을 이해하고 분석하고 비판하고 문제를 해결하는 고도의 능력입니다.

그래서 기본기 없이는 문해력을 갖기 어렵습니다.

그렇다면 문해력의 기본기를 탄탄하게 하기 위해서는 무엇을 해야 할까요?

바로 글을 이루는 기본 단위부터 글을 정교하게 읽는 방법까지

개념 하나하나를 익히고, 그 개념들을 엮고 활용하는 훈련을 해야 합니다.

달콤한 문해력 기본서를 한 학년 동안 익히면 40개의 개념 퍼즐을 맞추게 되고,

전 학년 익히면 200개의 개념 퍼즐을 완성하게 됩니다.

그러면 우리가 상상하는 것보다 더 근사하고 굉장한 힘인 '문해력'을 갖게 될 것입니다.

문해력, 왜 필요한가요?

한 번 읽었던 지문은 이해도 잘 되고, 문제도 잘 풀어요.
그런데 다른 과목처럼 실력이 쌓이는 것 같지 않아요.
새로운 글을 읽을 때마다 다시 처음부터 시작이에요.

☆ 지금, 문해력의 기본을 익혀야 합니다. ☆

용어만 다를 뿐 독해력과 문해력은 같은 것 아닌가요?

국어 공부뿐만 아니라 다른 과목의 학습을 위해서 둘 다 꼭 필요한 능력이지만 분명한 차이가 있습니다.

독해력
- 글을 읽고 이해하는 능력
- 글의 정보를 이해하고 이를 바탕으로 다양한 문제를 풀고 표현하는 능력

문해력
- 글을 읽고 이해하고, 분석하고, 표현하는 능력
- 글의 정보를 이해하고 글 속에 담긴 의도와 맥락을 분석하고 비판하는 능력

시험이 목표라면 독해력을 향상시키는 연습이 더 중요할 것이고,
국어 실력 향상이 목표라면 문해력으로 기본기를 탄탄히 다져야 합니다.

문해력인데 왜 교과서 개념으로 익혀요?

국어 교과서
- 말하고, 듣고, 읽고, 쓰는 활동을 배우는 과목
- 다른 과목의 내용까지 읽고 이해할 수 있도록 문해력 향상의 기본이 되는 과목

어떤가요?

문해력의 기본은
교과서 개념으로
다져야겠지요?

문해력 기본서는 일석삼조(一石三鳥)가 됩니다.

문해력의 기본을 익힌다

각 학년의 교육 과정에 있는 국어 교과서 개념을 다루어서 교과서 개념 학습을 따로 할 필요가 없습니다.

다른 과목의 자료를 읽고 이해하며 학습한 것에 대한 수행 평가를 하는 데에도 큰 도움이 됩니다.

다양한 글을 비판적으로 분석하고 표현하는 능력은 중고등학교 학업 성과를 높이는 단단한 기초가 됩니다.

"달곰한 문해력 기본서와 함께 문해력 공부를 시작해 보세요"

문해력은 아이들의 미래를 결정짓는 가장 중요한 능력 중 하나입니다. 현대 사회에서 문해력은 단순히 글자를 읽고 쓰는 수준에 그치지 않고, 다양한 정보를 이해하고 분석하며, 자신의 생각을 논리적으로 표현하는 능력으로 확장되고 있습니다. 문해력은 **우리 아이들이 사회의 주역으로 성장하는 데 반드시 갖추어야 할 필수적인 능력인 것입니다.**

언론을 통해 문해력 저하를 우려하는 뉴스와 기사들을 종종 접합니다. 학교 현장에서 아이들을 가르치는 선생님들도 초등학생의 문해력 저하 현상을 실제로 체감하고 있습니다. 뿐만 아니라 다양한 연구 결과에서 문해력 저하와 관련된 지표들이 보고되고 있습니다. 교육 당국에서는 초등학생의 문해력 신장을 위해 다양한 정책을 추진하고 있습니다.

추천사 **방은수 교수님**

이런 흐름 속에 '달곰한 문해력 기본서' 시리즈가 우리 소중한 아이의 문해력 향상을 목표로 출판되었습니다. 달곰한 문해력 기본서는 **초등 학교 국어 교과서에서 제시하는 기본 개념을 좋은 글과 함께 익힐 수 있도록 구성**되었습니다.

달곰한 문해력 기본서가 우리 아이의 문해력 향상에 큰 도움을 줄 것이라고 생각합니다.

문해력은 아이들이 잠재력을 최대한 발휘하면서 행복한 삶을 살아가는 데 필수적인 능력입니다.
우리 아이들이 스스로 생각하고 판단하며 세상과 소통할 수 있도록,
지금부터 달곰한 문해력 기본서와 함께 문해력 향상을 위한 노력을 시작해 보세요.

100명의 검토 교사 명단

신건철	서울구로초등학교	공은혜	서울보라매초등학교	이내준	서울신곡초등학교	홍현진	삼은초등학교	박장호	신곡초등학교
조민의	서울봉현초등학교	양수영	서울계남초등학교	전채원	인천봉수초등학교	박병주	김천동부초등학교	이상명	검산초등학교
박소연	서울연가초등학교	조원대	글빛초등학교	김 솔	양서초등학교	김희진	보름초등학교	윤지현	서울대치초등학교
김광희	인천연안초등학교	김나영	대전반석초등학교	정선우	대구하빈초등학교	김성신	수현초등학교	조보현	성산초등학교
김성혁	서울가인초등학교	이화수	인천용학초등학교	안기수	관호초등학교	김효주	현동초등학교	정진희	다솜초등학교
선주리	송운초등학교	길수정	천안삼거리초등학교	이용훈	군서초등학교	강수민	대전변동초등학교	최흥섭	대구한실초등학교
서미솔	서울우이초등학교	박은솔	샘말초등학교	최이레	구미원당초등학교	김유나	인천완정초등학교	박한슬	부곡중앙초등학교
김은영	서울신상계초등학교	이상권	인천백석초등학교	구창성	대구월곡초등학교	김석민	인천부평서초등학교	이상은	세종도원초등학교
박원영	서울도림초등학교	정대준	서울가동초등학교	김재성	수현초등학교	박기병	청원초등학교	한동희	대구세천초등학교
최보민	인천해서초등학교	박다솔	신일초등학교	오인표	인천새말초등학교	이기쁨	천안성성초등학교	이영진	신곡초등학교
차지혜	서울누원초등학교	양성남	새봄초등학교	이석민	상탄초등학교	정하준	천안성성초등학교	노희창	문산동초등학교
이근영	서울대방초등학교	백신형	서울증산초등학교	이경회	남양주월산초등학교	배민지	미사초등학교	정민우	참샘초등학교
윤우덕	서울가인초등학교	김나현	인천당산초등학교	김동희	청옥초등학교	허영수	구미신평초등학교	박혜란	수양초등학교
정혜린	서울구룡초등학교	조상희	남양주월산초등학교	이서영	신현초등학교	최흥섭	대구한실초등학교	정금향	한가람초등학교
김일두	성복초등학교	이동민	구미봉곡초등학교	최병호	인천장수초등학교	이동훈	서경초등학교	조소희	참샘초등학교
이혜경	개정초등학교	정광호	아름초등학교	김연상	하안북초등학교	박빛나	목포옥암초등학교	배장헌	구미인덕초등학교
이지현	서울석관초등학교	최지연	서울원명초등학교	조예진	부천중앙초등학교	심하루	세종도원초등학교	김규연	금란초등학교
박다빈	서울연은초등학교	이정민	부천대명초등학교	정혜란	서울행현초등학교	이연정	서울길동초등학교	김고운	구미신평초등학교
김성은	서울역촌초등학교	김성현	인천용학초등학교	서정준	인천부평서초등학교	윤미정	차산초등학교	정요원	갈매초등학교
이지윤	대구새론초등학교	심지현	시흥월곶초등학교	김효주	현동초등학교	이호석	운정초등학교	조민정	다산새봄초등학교

구성과 특징 ✈

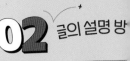

1 | 개념 사전

그림으로 개념을 한눈에 이해하고, 꼭 알아야 할 교과 개념을 익혀요.

2 | 개념 확인

짧은 글에서 개념을 찾아보는 연습을 해 보세요.

3 | 긴 글 읽기

[1회독] 막연하게 읽지 말고 지문에 따른 읽기 방법을 적용해서
읽어 보세요.

4 | 구조 읽기

읽은 내용을 구조화하여 정리해 보세요.
[2회독] 정리가 잘 안 되면 다시 한 번 지문을 꼼꼼하게 읽어요.

5 | 꼼꼼한 이해

어휘, 글의 정보 등 글의 사실적인 내용을 확인해 보세요.

6 | 개념의 적용

앞에서 배운 개념이 글에 어떻게 적용되어 있는지 확인해 보세요.

7 | 생각과 판단

글의 의도, 내용의 옳고 그름 등 추론과 비판 활동을 해 보세요.

8 | 생각 펼치기

글을 읽고 이해한 자신의 생각을 글로 표현해 보세요.

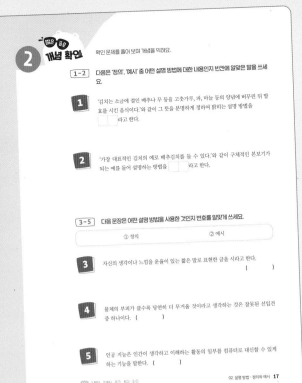

확인 문제를 풀어 보며 개념을 익혀요.

1-2 다음은 '정의', '예시' 중 어떤 설명 방법에 대한 내용인지 빈칸에 알맞은 말을 쓰세요.

1 '김치는 소금에 절인 배추나 무 등을 고춧가루, 파, 마늘 등의 양념에 버무린 뒤 발효를 시킨 음식이다.'와 같이 그 뜻을 분명하게 정하여 밝히는 설명 방법을 □□라고 한다.

2 '가장 대표적인 김치의 예로 배추김치를 들 수 있다.'와 같이 구체적인 본보기가 되는 예를 들어 설명하는 방법을 □□라고 한다.

3-5 다음 문장은 어떤 설명 방법을 사용한 것인지 번호를 알맞게 쓰세요.

① 정의   ② 예시

3 자신의 생각이나 느낌을 운율이 있는 짧은 말로 표현한 글을 시라고 한다. ( )

4 물체의 부피가 클수록 당연히 더 무거울 것이라고 생각하는 것은 잘못된 선입견 중 하나이다. ( )

5 인공 지능은 인간이 생각하고 이해하는 활동의 일부를 컴퓨터로 대신할 수 있게 하는 기능을 말한다. ( )

끓이는 정제 과정을 거쳐야 우리가 일상에서 사용하는 경유나 휘발유 같은 연료가 된다. 우리나라는 석유를 정제하는 기술이 뛰어나기 때문에 우리나라에서 수출하는 경유와 휘발유는 높은 품질을 자랑한다. 또한 다양한 산업 분야에서 광범위하게* 사용되는 플라스틱의 원료인 합성수지와 도로 포장용으로 쓰이는 아스팔트 역시 그 품질을 널리 인정받고 있다. 이처럼 우수한 기술력이 바탕이 되어 우수한 품질의 석유 제품을 다른 나라에 수출하는 것이다.

▲ 합성수지

우수한 인력과 기술을 바탕으로 성장한 우리나라

우리나라는 천연자원이 부족하다. 대신 우수한 인력과 기술을 바탕으로 다른 나라와 무역을 하고 경제 성장을 이룰어 왔다. 한강의 기적이라고 불리는 빠른 경제 성장도 가공 무역 덕분에 가능했다. 석유는 없지만 석유 제품을 수출하는 나라, 무에서 유를 창조한 우리나라의 성장은 지금도 이어지고 있다.

* 광범위(넓을 광, 법 범, 에워쌀 위) 둘레가 넓다. 범위가 넓다.

4 구조 읽기 빈칸에 알맞은 낱말을 써넣으며 내용을 정리해 보세요.

처음	우리나라 [ㅅㅇ] 품목 1위가 석유임. ⟷ 우리나라 [ㅅㅇ]의 상당 부분을 석유 제품이 차지함.
정의	[ㄱ] 무역은 외국에서 원자재나 반제품을 수입하여 완제품으로 만든 뒤 다시 수출하는 방식의 무역을 말함.
가운데	• 커피 원두를 수입하여 ...

7 생각과 판단

5 다음 표의 내용을 잘못 파악하여 말한 친구의 이름에 ○표 하세요.

	수출품	수입품
1위	반도체	석유(원유)
2위	자동차	반도체
3위	석유 제품	천연가스

▲ 우리나라 주요 수출입 품목, 2023.

반도체는 우리나라의 대표적인 수출품이면서 동시에 수입품이기도 하구나. (준우)

우리나라는 석유를 수입해서 석유 제품을 수출하는 가공 무역을 한다는 것을 알 수 있어. (서연)

우리나라는 천연가스 생산이 풍부해서 천연가스는 거의 수입하지 않는구나. (예슬)

6 이 글을 읽고 다음과 같은 자료를 찾았다면 무엇에 대해 알아본 것인가요? ( )

① 무역의 정의
② 수출의 정의
③ 수입의 예시
④ 가공 무역의 정의
⑤ 가공 무역의 예시

▲ 원자재나 반제품을 수입해서 완제품으로 만들어 수출하는 자동차

[출처] Kotra, 한국 무역 현황, 2024.

정의는 '~은 ~이다.'와 같은 형식의 문장으로 쓰고, 예시는 '예를 들어, 이를테면' 등의 말을 사용해 보세요.

8 생각 펼치기

7 무역의 정의와 무역이 필요한 까닭을 예를 들어 써 보세요.

1 회독

글의 내용을 파악하며 읽기

+ 글의 특성에 따른 읽기 전략 제공
+ 읽기 전략에 따라 교재의 본문에 메모하며 읽으세요.

2 회독

다시 한 번 꼼꼼하게 읽기

+ 빠르게 읽기는 읽기 방법이 완성된 뒤에 해도 늦지 않아요.
+ 내용 정리가 어려울 때는 다시 한 번 본문 내용을 메모하며 읽어요.

3 회독

자신만의 읽기 방법 만들기

+ **정답 및 해설**의 읽기 예시와 내가 메모한 내용을 비교해 가며 자신만의 읽기 방법을 만들어요.

차례

1⁺주차 에서 우리는

01 운율의 효과

운율은 시의 분위기와 정서를 드러내고, 대부분 반복을 통해 운율이 형성되기 때문에 시인이 작품 속에서 말하고자 하는 내용을 강조하기도 해요. 운율을 통해 시의 의미를 더욱 정확하게 파악할 수 있어요.

✦ **운율** 시가 음악처럼 느껴지게 하는 요소로, 규칙적인 반복을 통해 느껴지는 말의 리듬감, 말의 가락을 말함.

✦ **운율이 느껴지는 부분** 소리가 같거나 비슷한 글자와 낱말, 일정한 글자 수나 비슷한 문장 구조가 반복될 때, 또는 흉내 내는 말을 읽을 때 운율을 느낄 수 있음.

확인 문제를 풀어 보며 개념을 익혀요.

1~2 다음 괄호 안에 들어갈 말로 알맞은 것에 ○표 하세요.

1 시가 음악처럼 느껴지게 하는 요소로, 규칙적인 반복을 통해 느껴지는 말의 리듬감을 (낭독 , 운율)이라고 한다.

2 운율을 통해 시의 분위기나 정서를 드러내고, 시인이 작품 속에서 말하고자 하는 내용을 (강조 , 통일)할 수 있다.

3~4 다음 글에서 운율이 느껴지는 까닭으로 알맞은 것을 찾아 연결하세요.

3
봄에는 파릇파릇 새싹 염색
여름 지나 가을에는 단풍 염색
염색을 많이 해서
겨울에는 탈모가 온다

① 일정한 글자 수의 반복

② 소리가 같은 글자나 낱말의 반복

4
짜증이 사라지는 약이 있다면
엄마랑 오빠에게 주고 싶구나
싸우다 정든다며 대체 언제야

① 비슷한 문장 구조의 반복

② 일정한 글자 수의 반복

정답 1 운율 2 강조 3 ② 4 ②

01. 운율의 효과 **11**

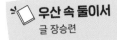
숲속의 아침

1회독

🔵 시의 분위기를 드러내는 글감에 ⭕

🔵 운율이 느껴지는 부분에 〰️

🔵 감각적 표현에 [ ]

숲속에 가면
비비롱 비비롱
멧새˙들이 ㉠메아리를 물어 나르고

펄렁이는 날개, 그 수만큼
꽃들의 작은 눈짓에서
향기도 **여울지는데**˙

아무도 몰래
움켜쥐고 싶은 햇살,
나무들 비집고 들어와
아침 그물을 짠다.

던지는 그물에는
이슬이 가득.

건지는 그물에는
향기만 가득.

● **멧새** 산에 사는 새. 비 산새.

● **여울지다** 물살이 세차게 흐르는 여울처럼 향기가 힘차게 움직이다.

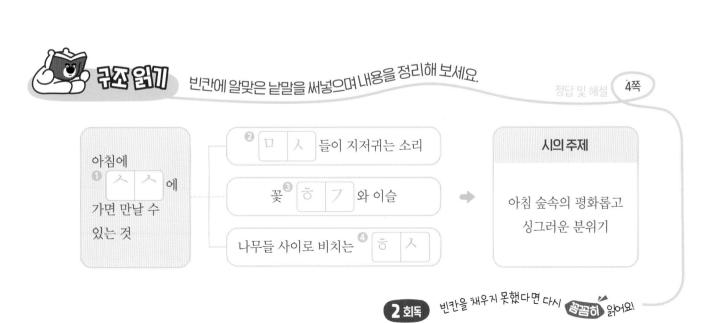

구조 읽기 빈칸에 알맞은 낱말을 써넣으며 내용을 정리해 보세요.

정답 및 해설 4쪽

아침에
① ㅅ ㅅ 에
가면 만날 수
있는 것

② ㅁ ㅅ 들이 지저귀는 소리

꽃 ③ ㅎ ㄱ 와 이슬

나무들 사이로 비치는 ④ ㅎ ㅅ

시의 주제

아침 숲속의 평화롭고
싱그러운 분위기

2 회독 빈칸을 채우지 못했다면 다시 꼼꼼히 읽어요!

1 이 시에 대한 설명으로 알맞지 <u>않은</u> 것을 두 가지 고르세요.   (   )

① 5연 14행으로 이루어져 있다.

② 장소가 숲속에서 바다로 바뀌고 있다.

③ '멧새, 꽃들, 햇살' 등의 글감이 생동감을 준다.

④ 실제로는 있을 수 없는 일을 상상하여 줄글로 표현하였다.

⑤ 아침에 숲속에 가면 보고, 듣고, 느낄 수 있는 것을 표현하였다.

2 글쓴이가 이 시를 통해 표현하고자 한 것은 무엇인가요?   (   )

① 슬프고 가슴 아팠던 이별

② 고향에서만 느낄 수 있는 흥겨움

③ 자연에서 느낄 수 있는 평화로움

④ 도시 생활을 하며 느끼는 번잡함

⑤ 자연환경이 파괴되고 있는 현장의 모습

3 다음 내용을 보고, 이 시에서 의성어를 사용하여 운율을 형성한 부분을 찾아 쓰세요.

> '의성어(擬 헤아릴 의, 聲 소리 성, 語 말씀 어)'란, 사람이나 사물의 소리를 흉내 낸 말이다. 예를 들어 개 짖는 소리 '멍멍', 유리그릇이 떨어져 깨질 때 나는 소리 '쨍그랑' 같은 표현이 모두 의성어이다. 소리가 들리는 것 같은 감각적인 느낌을 주고, 같거나 비슷한 낱자가 반복되어 운율을 형성한다.

(   )

4 비슷한 문장 구조를 반복하여 운율이 느껴지는 두 연을 찾아 몇 연인지 숫자를 쓰세요.

(   )연과 (   )연

5 보기의 밑줄 그은 부분에서 ㉠에 대한 설명에 해당하는 감각을 찾아 괄호 안에 각각 쓰세요.

┤ 보기 ├

시각, 청각, 후각, 미각, 촉각 중 하나의 감각을 다른 감각으로 옮겨서 표현한 것을 '공감각적 심상'이라고 한다. ㉠'메아리를 물어 나르고'에서, 메아리는 소리인데 소리를 어떻게 물어 나를 수 있을까? 이처럼 현실에서는 불가능하지만, 문학 작품 속에서는 그 느낌을 생생하게 전하기 위한 표현으로 사용한다. 멧새들이 여기저기에서 같은 소리로 지저귀는 모습이 눈에 보이는 것 같은 느낌이 들도록 '메아리'라는 (   )을 '물어 나르고'라는 (   )으로 옮겨서 표현한 것이다.

6 이 시를 읽고 난 감상을 시의 내용과 어울리지 <u>않게</u> 말한 친구의 이름에 ○표 하세요.

그물은 햇살이 비추어 생긴 나무 그림자를 빗댄 것인데, 아침 햇살이 나무들을 비집고 들어와 그물을 짠다는 표현이 새롭게 느껴져.

한들

그물을 던져 숲속 멧새들을 모두 잡고, 꽃향기와 이슬까지 다 차지하고 싶은 마음을 비유적 표현으로 나타내어서 더 와닿는 것 같아.

서연

아침에 그림자가 긴 것을 던지는 그물이라고 하고, 시간이 흐르면서 그림자가 점점 짧아지는 것을 걷는 그물이라고 표현한 것이 재미있어.

승민

> 시의 표현 방법, 분위기, 시에 나오는 인물의 마음 등을 바탕으로 시에서 재미나 감동을 느낀 부분을 떠올려 그렇게 생각한 까닭과 함께 쓰는 것이 좋아요.

7 이 시를 읽고 어떤 생각이나 느낌이 들었는지 시의 장면을 떠올리며 써 보세요.

02 글의 설명 방법 – 정의와 예시

정의는 글에서 전달하고자 하는 내용을 정확하게 이해하도록 도와줘요. 그리고 예시를 통해 어려운 내용이나 막연하고 일반적인 내용을 구체적으로 보여 줘요.

➔ **정의** 어떤 말이나 사물의 뜻을 분명하게 정하여 밝히는 설명 방법.
흔히 '무엇은 무엇이다'라고 설명하는 것을 말함.

➔ **예시** 구체적인 본보기가 되는 예를 들어 설명하는 방법.
'예를 들어', '이를테면', '예컨대', '가령' 등과 같은 말을 주로 사용함.

확인 문제를 풀어 보며 개념을 익혀요.

1~2 다음은 '정의', '예시' 중 어떤 설명 방법에 대한 내용인지 빈칸에 알맞은 말을 쓰세요.

1 '김치는 소금에 절인 배추나 무 등을 고춧가루, 파, 마늘 등의 양념에 버무린 뒤 발효를 시킨 음식이다.'와 같이 그 뜻을 분명하게 정하여 밝히는 설명 방법을 ☐☐라고 한다.

2 '가장 대표적인 김치의 예로 배추김치를 들 수 있다.'와 같이 구체적인 본보기가 되는 예를 들어 설명하는 방법을 ☐☐라고 한다.

3~5 다음 문장은 어떤 설명 방법을 사용한 것인지 번호를 알맞게 쓰세요.

① 정의	② 예시

3 자신의 생각이나 느낌을 운율이 있는 짧은 말로 표현한 글을 시라고 한다.

( )

4 물체의 부피가 클수록 당연히 더 무거울 것이라고 생각하는 것은 잘못된 선입견 중 하나이다. ( )

5 인공 지능은 인간이 생각하고 이해하는 활동의 일부를 컴퓨터로 대신할 수 있게 하는 기능을 말한다. ( )

석유는 없지만 석유 제품을 수출하는 나라

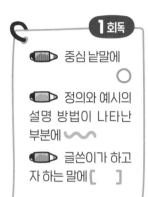

1회독

- 중심 낱말에 ◯
- 정의와 예시의 설명 방법이 나타난 부분에 〜
- 글쓴이가 하고 자 하는 말에 [   ]

우리나라도 **산유국**˚이라는 사실을 알고 있는 사람은 많지 않다. 우리나라는 2000년대 초 울산 앞바다에서 천연가스 생산에 성공하여 세계에서 95번째 산유국이 되었다. 그리고 석유도 생산하고 있지만, 그 양은 아주 적어서 우리나라는 에너지의 97퍼센트를 수입에 의존하고 있으며, 실제 우리나라 수입 품목 1위가 석유이다.

그렇다면 우리나라에서 가장 많이 수출하는 품목은 무엇일까? 2023년 기준 1위는 반도체, 2위는 자동차이고, 3위가 바로 석유 제품이다. 석유 생산량이 부족해 많은 양의 석유를 수입하는 나라에서 수출의 상당 부분을 석유 제품이 차지하고 있는 것이다. 여기서 ㉠석유 제품은 석유를 **가공하여**˚ 만들어 낸 다양한 물질을 말한다. ㉡예를 들어 석유를 정제하여 만든 경유, 휘발유, 플라스틱 원료, 아스팔트 등이 모두 석유 제품에 속한다.

🌑 석유를 석유 제품으로

그렇다면 어떻게 우리나라가 석유 제품을 많이 수출하게 되었을까? 그 이유는 가공 무역에서 찾을 수 있다. ㉢가공 무역은 외국에서 **원자재**˚나 **반제품**˚을 수입하여 완제품으로 만든 뒤 다시 수출하는 방식의 무역을 말한다. ㉣해외에서 커피 원두를 수입한 후 우리나라 공장에서 이를 가공하여 믹스커피로 만들어 수출하는 것은 가공 무역의 대표적인 사례이다. 가공 무역은 주로 자원은 부족하지만 기술력이 높은 나라에서 많이 한다. 우리나라가 석유 제품을 많이 수출할 수 있는 이유도 우수한 기술력을 가지고 있기 때문이다.

실제 지하에서 추출한 석유는 여러 불순물이 포함되어 있어서 바로 연료로 사용하기에는 적합하지 않다. 석유에 열을 가해

- **산유국**(産 낳을 산, 油 기름 유, 國 나라 국) 자국의 영토 및 영해에서 원유를 생산하는 나라.

- **가공**(加 더할 가, 工 장인 공)**하다** 원료나 재료에 기술과 힘을 들여 새로운 제품을 만들거나 제품의 질을 높이다.

- **원자재**(原 근원 원, 資 재물 자, 材 재목 재) 공업 생산의 원료가 되는 재료.

- **반제품**(半 반 반, 製 지을 제, 品 물건 품) 완제품의 재료로 쓰기 위하여 기초 원료를 가공한 중간 제품.

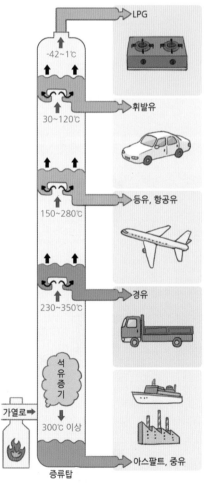

▲ 증류탑

끓이는 정제 과정을 거쳐야 우리가 일상에서 사용하는 경유나 휘발유 같은 연료가 된다. 우리나라는 석유를 정제하는 기술이 뛰어나기 때문에 우리나라에서 수출하는 경유와 휘발유는 높은 품질을 자랑한다. 또한 다양한 산업 분야에서 **광범위하게**˙ 사용되는 플라스틱의 원료인 합성수지와 도로 포장용으로 쓰이는 아스팔트 역시 그 품질을 널리 인정받고 있다. 이처럼 우수한 기술력이 바탕이 되어 우수한 품질의 석유 제품을 다른 나라에 수출하는 것이다.

▲ 합성수지

⟡ 우수한 인력과 기술을 바탕으로 성장한 우리나라

우리나라는 천연자원이 부족하다. 대신 우수한 인력과 기술을 바탕으로 다른 나라와 무역을 하고 경제 성장을 이끌어 왔다. 한강의 기적이라고 불리는 빠른 경제 성장도 가공 무역 덕분에 가능했다. 석유는 없지만 석유 제품을 수출하는 나라, 무에서 유를 창조한 우리나라의 성장은 지금도 이어지고 있다.

● **광범위**(廣 넓을 광, 範 법 범, 圍 둘레 위)**하다** 범위가 넓다.

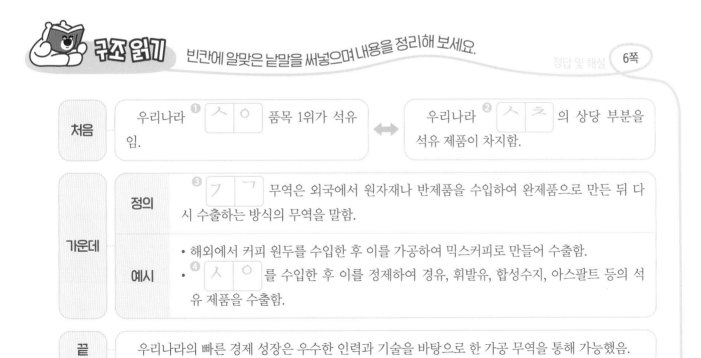

구조읽기 빈칸에 알맞은 낱말을 써넣으며 내용을 정리해 보세요.

정답 및 해설 6쪽

처음	우리나라 ❶ ㅅ ㅇ 품목 1위가 석유임. ⟷ 우리나라 ❷ ㅅ ㅊ 의 상당 부분을 석유 제품이 차지함.
가운데 — 정의	❸ ㄱ ㄱ 무역은 외국에서 원자재나 반제품을 수입하여 완제품으로 만든 뒤 다시 수출하는 방식의 무역을 말함.
가운데 — 예시	• 해외에서 커피 원두를 수입한 후 이를 가공하여 믹스커피로 만들어 수출함. • ❹ ㅅ ㅇ 를 수입한 후 이를 정제하여 경유, 휘발유, 합성수지, 아스팔트 등의 석유 제품을 수출함.
끝	우리나라의 빠른 경제 성장은 우수한 인력과 기술을 바탕으로 한 가공 무역을 통해 가능했음.

2 회독 빈칸을 채우지 못했다면 다시 꼼꼼히 읽어요!

1 이 글의 중심 내용으로 알맞은 것은 무엇인가요? (   )

① 우리나라는 석유를 많이 수입하는 나라이다.

② 석유 제품을 많이 수출하려면 석유를 많이 수입해야 한다.

③ 우리나라는 반도체를 가장 많이 수출하는 반도체 강국이다.

④ 가공 무역은 우리나라와 같이 자원은 부족하지만 기술력이 높은 나라에서 많이 한다.

⑤ 우리나라의 빠른 경제 성장은 우수한 인력과 기술을 바탕으로 한 가공 무역 덕분에 가능했다.

2 이 글의 내용과 일치하지 <u>않는</u> 것은 무엇인가요? (   )

① 우리나라는 세계에서 95번째 산유국이 되었다.

② 우리나라 수출의 상당 부분을 석유 제품이 차지하고 있다.

③ 지하에서 추출한 석유는 불순물 때문에 바로 연료로 사용할 수 없다.

④ 가공 무역은 외국에 원자재를 수출한 후 완제품을 수입하는 방식이다.

⑤ 우리나라는 뛰어난 정제 기술로 높은 품질의 경유와 휘발유를 생산한다.

3 밑줄 친 ㉠~㉣은 어떤 설명 방법을 사용한 것인지 다음 표의 빈칸에 각각 기호를 쓰세요.

(1) 정의	(2) 예시

4 위 **3**에서 답한 예시에 해당하는 문장을 다시 읽어 보고, 이와 같은 설명 방법을 사용하면 좋은 점으로 알맞은 것에 ○표 하세요.

(1) 구체적으로 예를 들어 알려 주어서 내용을 더 쉽게 이해할 수 있다.

(   )

(2) 설명하려는 대상과 다른 대상을 끌어다가 비교하여 그 특징이 더 잘 드러난다. (   )

5 다음 표의 내용을 잘못 파악하여 말한 친구의 이름에 ○표 하세요.

	수출품	수입품
1위	반도체	석유(원유)
2위	자동차	반도체
3위	석유 제품	천연가스

▲ 우리나라 주요 수출·수입 품목, 2023.

반도체는 우리나라의 대표적인 수출품이면서 동시에 수입품이기도 하구나.

준우

우리나라는 석유를 수입해서 석유 제품을 수출하는 가공 무역을 한다는 것을 알 수 있어.

서연

우리나라는 천연가스 생산이 풍부해서 천연가스는 거의 수입하지 않는구나.

예슬

6 이 글을 읽고 다음과 같은 자료를 찾았다면 무엇에 대해 알아본 것인가요?
( )

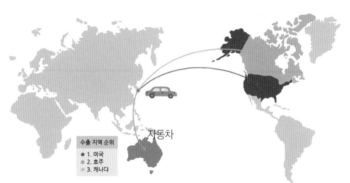

자동차

수출 지역 순위
● 1. 미국
● 2. 호주
● 3. 캐나다

① 무역의 정의
② 수출의 정의
③ 수입의 예시
④ 가공 무역의 정의
⑤ 가공 무역의 예시

▲ 원자재나 반제품을 수입해서 완제품으로 만들어 수출하는 자동차

[출처] Kotra, 한국 무역 현황, 2024.

> 정의는 '-은 -이다.'와 같은 형식의 문장으로 쓰고, 예시는 '예를 들어, 이를테면' 등의 말을 사용해 보세요.

7 무역의 정의와 무역이 필요한 까닭을 예를 들어 써 보세요.

_____

_____

_____

03 문장 성분

문장 성분을 알면 한 문장 안에 쓰인 낱말들의 관계를 통해 문맥을 이해하는 데 도움이 돼요.

✦**문장 성분** 한 문장을 구성하는 요소를 말하는 것으로,

문장의 기본 틀을 이루는 주어, 서술어, 목적어, 보어를 주성분이라고 함.

✦**주어** '누가, 무엇이'에 해당하는 부분.

✦**서술어** '어찌하다, 어떠하다, 무엇이다'에 해당하는 부분.

✦**목적어** '누구를, 무엇을'에 해당하는 부분.

✦**보어** 주어와 서술어만으로는 뜻이 완전하지 못한 '나는 (무엇이) 되다', '나는 (무엇이) 아니다'와 같은 문장에서 서술어 '되다, 아니다' 앞에 오는 '무엇이'에 해당하는 부분.

1~4 **다음 밑줄 친 부분의 문장 성분은 무엇인지 보기에서 찾아 쓰세요.**

┤ **보기** ├

| 주어 | 서술어 | 목적어 | 보어 |

1 거미는 <u>곤충이</u> 아니다. ( )

2 민수는 애니메이션 영화를 <u>좋아한다.</u> ( )

3 <u>태희는</u> 시원한 음료수를 벌컥벌컥 마셨다. ( )

4 귀염둥이 내 동생은 <u>노래를</u> 무척 잘 부른다. ( )

5~6 **다음 밑줄 친 부분은 '누가', '무엇을', '어찌하다' 중 어디에 해당하는지 쓰세요.**

5 내 짝은 <u>춤을</u> 정말 잘 춘다. ( )

6 새끼 고양이가 우유를 맛있게 <u>먹는다.</u> ( )

정답 1 보어 2 서술어 3 주어 4 목적어 5 무엇을 6 어찌하다

예술의 동반자, 뮤즈

1회독

- 설명하려는 대상에 ○
- 문장 성분 중 목적어와 보어에 ~
- 글쓴이가 전하려고 하는 생각에 [ ]

그리스 신화에는 제우스와 기억의 여신 므네모시네 사이에서 태어난 아홉 명의 딸이 나온다. 이들이 바로 뮤즈(Muse)이다. 뮤즈는 춤과 노래, 문학, 미술 등에 **능하였고**, 시인과 예술가들에게 **영감**과 재능을 불어넣는 예술의 여신이었다. 사람들은 뮤즈가 살고 있는 곳의 샘물을 마시면 그녀들로부터 뛰어난 재능을 물려받을 수 있다고 믿었다. 그래서 고대 철학자와 예술가들은 여신들의 도움을 받아 영감을 얻고자 뮤즈의 신전에 자주 방문하였다. 이러한 신화를 바탕으로 예술가들에게 영감을 주고 창작의 욕구를 불러일으키는 존재를 지금도 뮤즈라고 한다.

세상에는 음악, 미술, 문학 등 다양한 예술이 있고, 수많은 예술 작품들이 존재한다. 예술가마다 창작한 작품이 서로 다르듯이 그들에게 영감을 주는 존재도 **각양각색**이다. 뮤즈는 사랑하는 연인일 수도 있지만, 누군가에게는 아름다운 자연이나 태어나고 자란 고향, 강렬했던 경험, 또는 다른 예술가의 작품이 뮤즈가 될 수 있다. 예술가들의 가슴을 뛰게 하고, 그들에게 예술에 대한 **갈망**과 열정을 불어넣어 주는 모든 대상이 뮤즈인 것이다.

빈센트 반 고흐는 파리를 떠나 프랑스의 작은 마을 아를(Arles)로 향했다. 고흐는 아를을 사랑했다. ㉠아를은 고흐에게 영감을 주는 대상으로 ㉡가득했다. 맑고 푸른 하늘 위에 빛나는 아를의 태양을 바라보며 삶에 대한 열정을 얻었고, 드넓은 밀밭과 푸른 하늘, 별빛이 반짝이는 밤하늘은 외로웠던 고흐의 삶에 한줄기 ㉢위로가 되었다. 아를의 자연은 고흐에게 매일같이 영감을 건네는 뮤즈였고, 그의 마음을 따스하게 감싸 주는 치료제였다.

▲ 빈센트 반 고흐, 「아를의 별이 빛나는 밤」

- **능(能 능할 능)하다** 어떤 일에 뛰어나다.
- **영감(**靈 신령 영, 感 느낄 감) 갑자기 떠오른 매우 좋거나 놀라운 생각이나 암시.
- **각양각색(各 각각 각, 樣 모양 양, 各 각각 각, 色 빛 색)** 각기 다른 여러 가지 모양과 빛깔.
- **갈망(**渴 목마를 갈, 望 바랄 망) 간절히 바람.

멕시코의 초현실주의 작가 ㉣프리다 칼로는 신체적, 감정적 고통을 강렬한 자화상을 통해 **묘사한** 것으로 유명하다. 칼로는 여섯 살 때 소아마비를 앓아 오른쪽 다리에 장애가 생겼고, 열여덟에는 교통사고로 크게 다쳐 온몸이 부서졌다고 표현할 정도의 중상을 입었다. 이 사고의 후유증으로 평생 고통과 싸우며 살아야 했던 칼로는 병상에 누워 ㉤그림을 그리면서 자신의 운명이 그림에 있다는 것을 깨달았다. 칼로는 절망과 아픔 속에서 자신을 발견하고 예술을 통해 자신의 회복력과 저항을 표현했다. 칼로에게 ㉮고통은 하나의 뮤즈가 되었다.

뮤즈는 예술가들에게 영감을 불어넣고 창작 과정에 중요한 영향을 미치는 존재이다. 그래서 우리에게 감동을 준 작품들의 뒤에는 예술가들에게 영감을 준 다양한 모습의 뮤즈가 있었다. 그렇게 뮤즈는 예술가들에게 예술 활동을 계속해 나갈 수 있는 용기와 열정을 선물했다. 우리가 예술가들의 작품을 감상할 때 그들에게 영감을 준 뮤즈를 함께 살펴본다면 작품을 좀 더 풍부하게 이해할 수 있다.

▲ 프리다 칼로,
「자화상-시간은 날아간다」

● **묘사**(描 그릴 묘, 寫 베낄 사)**하다** 어떤 대상이나 현상을 보이는 대로 말하거나 그리다.

 **구조 읽기** 빈칸에 알맞은 낱말을 써넣으며 내용을 정리해 보세요.

정답 및 해설 (8쪽)

뮤즈의 기원과 뜻	뮤즈는 예술의 여신으로 예술가들에게 **❶** ㅇ ㄱ 을 주고 창작의 욕구를 불러일으키는 존재를 말함.
뮤즈의 예	• 아를의 **❷** ㅈ ㅇ 은 빈센트 반 고흐의 뮤즈이자 마음을 감싸 주는 치료제였음. • 절망과 아픔 속에서 자신을 발견하고 예술을 통해 자신의 회복력과 저항을 표현한 프리다 칼로에게 고통은 하나의 **❸** ㅁ ㅈ 가 되었음.
뮤즈의 의미	예술가들에게 영감을 준 뮤즈를 함께 살펴본다면 작품을 좀 더 풍부하게 이해할 수 있음.

2 회독 빈칸을 채우지 못했다면 다시 **꼼꼼히** 읽어요!

1 다음 중 이 글에 쓰인 낱말의 뜻으로 알맞지 <u>않은</u> 것은 무엇인가요?

( )

① '영감': 갑자기 떠오른 매우 좋거나 놀라운 생각이나 암시.
② '예술': 생각하고 느끼는 바를 아름다운 형식으로 표현하거나 창조하는 것.
③ '존재': 현실에 실제로 있음. 또는 그런 대상.
④ '고통': 몸이나 마음이 괴롭고 아픔.
⑤ '묘사': 대상을 사실적으로 그리지 않고 점, 선, 면으로 간단하게 표현함.

2 이 글의 내용과 일치하지 <u>않는</u> 것을 두 가지 고르세요. ( )

① 프리다 칼로는 주로 다른 사람의 고통을 예술 작품으로 표현했다.
② 빈센트 반 고흐는 프랑스의 작은 마을 아를에서 작품 활동을 했다.
③ 제우스와 기억의 여신 므네모시네 사이에는 아홉 명의 딸이 있었다.
④ 예술가들에게 열정을 불어넣어 주는 뮤즈는 대부분 태어난 고향이었다.
⑤ 고대 철학자와 예술가들은 영감을 얻고자 뮤즈의 신전에 자주 방문하였다.

3 밑줄 친 ㉠~㉤의 문장 성분을 알맞게 짝 지은 것은 무엇인가요? ( )

① ㉠'아름은' – 보어
② ㉡'가득했다' – 목적어
③ ㉢'위로가' – 목적어
④ ㉣'프리다 칼로는' – 주어
⑤ ㉤'그림을' – 서술어

4 ㉔에 쓰인 문장 성분을 살펴보고 빈칸에 알맞은 말을 쓰세요.

> ㉔ 문장의 주어와 서술어는 '고통은 …… 되었다'인데, 이처럼 주어와 서술어만으로는 뜻이 완전하지 않기 때문에 서술어 '되었다' 앞에 '뮤즈가'라는 ( )가 쓰였다.

5 이 글의 내용을 바탕으로 각 작품을 바르게 감상한 친구의 이름에 ○표 하세요.

▲ 빈센트 반 고흐, 「아를의 별이 빛나는 밤」

별이 무수히 빛나는 밤하늘과 물그림자가 비친 강의 아름다운 풍경, 산책을 나온 것 같은 연인의 모습에서 느껴지는 다정함이 나에게도 위로가 되었어.

승민

▲ 프리다 칼로, 「자화상 – 시간은 날아간다」

칼로는 병상에 누워 거울에 비친 자신을 관찰하며 자화상을 그렸다고 해. 젊은 나이에 얼마나 답답했을까? 그래서 자신이 어렸을 때의 시간으로 돌아가기를 바란 것 같아.

서연

예술가들의 가슴을 뛰게 하고, 열정을 불어넣어 주는 모든 대상이 뮤즈가 될 수 있다고 했어요. 샤갈에게 벨라는 어떤 존재였을지 생각해 보아요.

6 다음 마르크 샤갈의 그림과 인터뷰 내용을 보고, 그림에 영감을 준 샤갈의 뮤즈에 대해 이 글의 내용을 참고하여 써 보세요.

▲ 마르크 샤갈, 「생일」

샤갈: 그림 속 꽃을 든 여인은 벨라이고, 남자는 생일을 맞은 나랍니다. 사랑하는 사람과 있을 때 하늘을 나는 것 같은 감정을 강렬한 색채로 표현했어요.

04 이야기의 **표현 방법**

임금님 귀는 당나귀 귀~

쭉쭉 시원하게 뻗은 대나무 숲에서 어떤 일이 일어날까?

대나무가 신념을 굽히지 않는 꿋꿋한 태도를 상징하니까 홀로 불의와 맞서 싸우는 멋진 무사가 등장할 것 같아.

난 왜 「임금님 귀는 당나귀 귀」가 떠오르지. 대나무 숲이 소리치는 것 같아.

개념 사전

이야기에서 글쓴이는 비유와 상징, 묘사 등의 표현 방법을 사용하면서 글쓴이가 전달하고자 하는 특정한 의미나 감정 등을 담는 경우가 많아요. 인물이나 배경, 사건에 사용된 표현 방법을 살펴보며 이야기를 읽도록 해요.

- **비유** 어떤 대상을 공통점을 가진 다른 대상에 빗대어 표현하는 방법.
- **상징** 눈에 보이지 않고 말로 표현하기 힘든 것을 구체적인 사물로 나타내어 머릿속에 쉽게 떠오르도록 표현하는 방법.
- **묘사** 그림을 그리듯이 표현하는 방법. 감각으로 느낄 수 있는 것을 이야기할 때, 마음의 변화를 구체적으로 표현할 때 사용함.

확인 문제를 풀어 보며 개념을 익혀요.

[1~2] 다음에서 설명하는 표현 방법을 **보기**에서 찾아 쓰세요.

┤ 보기 ├

비유   상징   묘사

1 인물이나 배경 등을 그림을 그리듯이 표현하여 이야기의 흥미를 높이는 방법.

(   )

2 눈에 보이지 않고 말로 표현하기 힘든 것을 구체적인 사물로 나타내어 머릿속에 쉽게 떠오르도록 표현하는 방법.

(   )

[3~5] 다음 글에는 어떤 표현 방법이 사용되었는지 알맞은 것을 찾아 연결하세요.

3 어두운 밤이 지나면 반드시 아침 해가 떠오른다. 그 희망을 품고 이 밤을 버틴다.

• ① 비유

4 오늘 전학 온 친구는 밝은 표정으로 씩씩하게 인사를 하였다. 짧게 자른 머리와 뿔테 안경이 잘 어울렸고, 까맣게 탄 얼굴은 건강해 보였다.

• ② 상징

5 엄마와의 약속을 깜박하고 늦게까지 놀다가 집에 왔는데, 엄마가 아무 말씀이 없으셨다. 태풍의 눈 같은 이 고요함이 더 무섭다.

• ③ 묘사

삼겹살 광역시를 향하여!

1회독

📖 중심 글감에 ⭕

📖 비유나 묘사의 표현 방법이 나타난 부분에 〰️

📖 '나'의 감정이 드러난 부분에 [   ]

우리는 다시 비옷을 입고 빗속을 달리기 시작했다. 자전거를 타면 열이 나서 그나마 괜찮았다. 문제는 쉬는 시간이었다. 햇볕이 있을 때 그늘을 찾았듯이 빗속에서는 지붕을 찾았다. 누나들은 덜덜 떨며 서로를 껴안았다.

"이 정도가 뭐가 춥다고 그래?"

팔을 휘휘 돌리며 큰소리를 치는 동혁이 형 입술이 파랗게 질려 있었다. 자세히 보니 팔도 떨었다.

점심시간이 되었다. 우리는 삼촌이 기다리는 정자 옆에 자전거를 세웠다. 점심은 뜨거운 콩나물국과 비빔밥이었다. (중략)

"분위기 좀 바꿔야겠군. 이쯤에서 마법의 주문을 외워 볼까!"

다들 식판에서 고개를 들지 않았다. 나만 삼촌을 노려보았다. 농담으로 해결할 수 있는 게 있고 없는 게 있다. 춥고 피곤하고 **처량한˚** 열두 명을 말 한마디로 어째 보겠다고?

삼촌이 숟가락으로 남은 비빔밥을 긁어모으며 툭 던지듯 말했다.

"오늘 저녁은 삼겹살."

잠시 조용했다가 환성이 터져 나왔다. 박수를 치기도 하고 주먹을 불끈 쥐는 사람도 있었다. 희정이 누나 눈에 눈물이 글썽거렸다. 웨인 형과 리나 누나가 어리둥절한 눈으로 우리를 바라보았다. ㉠나는 침을 한 모금 꿀꺽 삼켰다. ㉡지글지글 기름이 흐르는 삼겹살, 쌈장을 올린 노릇노릇 뜨거운 삼겹살이 입안에서 톡톡 터지는 마늘을 만나면 상추로도 덮을 수 없을 만큼 혀를 춤추게 하는 그 삼겹살. 생각만으로도 힘이 났다.

울산을 향해 달리면서 속도가 느려질 때마다 만석이 형이 소리를 질렀다.

"삼겹살이 기다린다!"

"삼겹살! 삼겹살! 삼겹살!"

우리는 입을 모아 외치며 페달을 굴렀다. 길옆 **이정표˚**에 나오는 거리가 점점 줄어들었다. ㉢삼겹살 이십오 킬로, 삼겹살 십팔 킬로, 삼겹살 십삼 킬로. 우리 머릿속에서 울산은 사라졌다. 우리는 삼겹살 광역시를 향해 달렸다.

어느새 비가 그쳤다. 구멍 난 구름 사이로 햇살이 비쳤다. 멀리 울산 월드컵 경기장이 보였다.

● **처량**(凄 바람 찰 처, 凉 서늘할 량)**하다** 초라하고 가엾다.

● **이정표**(里 마을 리, 程 단위 정, 標 표 표) 주로 도로상에서 어느 곳까지의 거리 및 방향을 알려 주는 표지.

삼겹살은 세계 공통 음식이었다. 동혁이 형이 웨인 형과 리나 누나한테 상추 쌈 싸는 법을 가르쳐 주었다. 두 사람은 젓가락으로 열심히 삼겹살을 찍어 올렸다. 처음 먹어 본다는 생마늘도 빠뜨리지 않았다. 나는 말을 하지 않고 먹는 데만 집중했다.

㉯가뭄으로 쩍쩍 갈라진 땅에 물이 스며드는 것처럼 온몸에 연료가 채워지는 느낌이 들었다. 한잠 자고 일어나면 서울까지 단숨에 달려갈 수 있을 것 같았다. 여럿이서 삼겹살을 먹다 보니까 집 생각이 났다. 우리 식구가 함께 삼겹살을 먹어 본 게 언제인지 기억이 나지 않았다. 삼겹살뿐이 아니다. 셋이 함께 밥을 먹어 본 기억도 **희미했다**. 만난 지 며칠 안 된 사람들끼리도 이만큼 행복하게 같이 삼겹살을 먹을 수 있는데 우리 식구는 왜 그러지 못했을까? 사이가 안 좋아서 함께 삼겹살을 안 먹은 건지 삼겹살을 안 먹어서 그렇게 된 건지 알 수가 없었다.

고기가 모자라 삼촌이 가까운 정육점으로 뛰어갔다. 다들 배가 거북이 등처럼 볼록 나왔다.

"더는 못 먹겠다."

문안이 형이 젓가락을 내려놓았다. 더 먹을 고기도 없었다. 나는 임신부처럼 부른 배를 안고 설거지를 하고 빨래를 했다. 꼭 쥐어짠 빨래를 탈탈 털어 빨랫줄에 널고 나니까 할 일이 없었다. 상추 씻고 마늘 양파 썰고 쌈장에 불판 준비하느라 수고한 삼촌 대신 만석이 형이 내일 먹을거리를 사러 시장에 갔다.

나는 텐트에 누워서 구름이 흘러가는 하늘을 봤다. 배부르고 편하니까 세상에 부러울 게 없었다. 며칠 전만 해도 세상 걱정이 다 나한테 몰려온 것만 같았는데 지금은 그게 딴 세상 이야기 같다.

● **희미**(稀 드물 희, 微 작을 미)**하다** 분명하지 못하고 어렴풋하다.

구조읽기 빈칸에 알맞은 낱말을 써넣으며 내용을 정리해 보세요.

정답 및 해설 **10쪽**

삼촌이 춥고 피곤하고 처량한 우리에게 저녁에 ❶ [ㅅ][ㄱ][ㅅ] 을 먹자고 하자 사람들은 힘을 내어 울산을 향해 달림.	삼겹살을 먹자 온몸에 연료가 채워지는 느낌이 들었고, 한잠 자고 일어나면 서울까지 단숨에 달려갈 수 있을 것 같음. 삼겹살을 먹다 보니 ❷ [ㅈ] 생각이 남.	며칠 전만 해도 세상 ❸ [ㄱ][ㅈ] 이 다 나한테 몰려온 것 같았는데, 배부르고 편하니까 다 사라지고 세상에 부러울 게 없음.

2 회독 빈칸을 채우지 못했다면 다시 **꼼꼼히** 읽어요!

04. 이야기의 표현 방법 **31**

1 이 이야기의 '나'에게 일어난 일을 차례대로 번호를 쓰세요.

> ① 배부르고 편하니까 세상에 부러울 게 없었다.
> ② 자전거를 타고 빗속을 달렸고, 쉬는 시간에는 너무 추웠다.
> ③ 머릿속에서 울산은 사라지고 삼겹살만 생각하며 힘을 내서 달렸다.
> ④ 삼겹살을 먹자 온몸에 연료가 채워지는 느낌이 들었고, 집 생각이 났다.
> ⑤ 점심시간, 콩나물국과 비빔밥을 먹으며 삼촌이 오늘 저녁은 삼겹살이라
>   고 말했다.

(   ) ➡ (   ) ➡ (   ) ➡ (   ) ➡ (   )

2 이 이야기의 내용으로 보아 ⓒ에 반복하여 쓰인 '삼겹살'은 어떤 낱말을 대신하여 쓴 것인지 다음 빈칸에 공통으로 들어갈 낱말을 찾아 두 글자로 쓰세요.

> [   ] 이십오 킬로, [   ] 십팔 킬로, [   ] 십삼 킬로.

(   )

3 ⑪ 부분에 쓰인 표현 방법에 대한 설명으로 알맞은 것에 ○표 하세요.

(1) 삼겹살을 공통점을 가진 다른 대상에 빗대어 표현하였다. (   )

(2) 삼겹살을 구울 때 나는 소리나 모양, 색깔 등을 그림을 그리듯이 표현하였다.

(   )

4 ⓒ에서 다음은 무엇을 빗대어 표현한 것인지 알맞은 것끼리 연결하세요.

(1)	가뭄으로 쩍쩍 갈라진 땅	① 온몸 (춥고 피곤한 몸)
(2)	물이 스며드는 것	② 연료가 채워지는 느낌 (기운이 나는 느낌)

5 "오늘 저녁은 삼겹살."이라는 말을 들은 '나'가 ㉠과 같은 행동을 한 까닭은 무엇인가요? ( )

① 비빔밥이 얼마 남지 않아서

② 삼겹살이 몹시 먹고 싶어서

③ 웨인 형과 리나 누나가 안타까워서

④ 삼촌이 거짓말을 한다고 생각하여서

⑤ 더 춥고 피곤하고 처량하게 느껴져서

6 이 이야기와 다음 대화를 보고, 빈칸에 알맞은 낱말을 이 이야기에서 찾아 쓰세요.

끼니를 같이한다는 것은 밥을 먹으며 대화를 나눈다는 뜻 아닐까? 나도 저녁을 먹으면서 학교에서 있었던 일들을 이야기하거든.

맞아, 대화는 결국 서로에 대한 관심이라고 생각해.

이 글의 '나'가 셋이 함께 밥을 먹어 본 기억도 희미하다는 것을 보면 사이가 많이 안 좋은 것 같아.

• ( )란, 한집에서 함께 살면서 끼니를 같이하는 사람을 뜻한다.

비유, 상징, 묘사 등 다양한 표현 방법을 활용하여 여행지에서 있었던 일을 실감 나게 표현해 보아요.

7 집을 떠나 여행했던 경험을 떠올려 그때의 분위기나 느낌을 생동감 있게 써 보세요.

05 면담의 특징

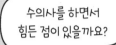

면담은 필요한 정보를 얻기 위한 목적으로 하는 것이기 때문에 관련 자료 조사를 통해 구체적인 질문을 만드는 준비 과정이 중요해요. 면담 내용을 기록한 글을 읽을 때에는 면담의 주제와 목적에 따른 질문과 답변 내용을 잘 파악하며 읽는 것이 좋아요.

＋면담 알고 싶은 내용을 알아보기 위하여 얼굴을 마주 보고 이야기하는 것.

＋면담의 특징 ・궁금한 것을 직접 묻고 답을 얻을 수 있음.

・면담 대상자가 직접 경험한 이야기를 들으며 생생함을 느낄 수 있음.

짧은 글로
개념 확인 확인 문제를 풀어 보며 개념을 익혀요.

1~2 **다음 빈칸에 알맞은 낱말을 보기에서 찾아 쓰세요.**

┤ 보기 ├

| 목적 | 대답 | 면담 | 설명 |

1 [　　] 이란, 알고 싶은 내용을 알아보기 위하여 얼굴을 마주 보고 이야기하는 것을 말한다.

2 면담의 [　　] 에 따라 관련 자료 조사를 통해 구체적인 질문을 만드는 준비 과정이 중요하다.

3~5 **다음 중 '수의사가 하는 일'에 대한 면담을 알맞게 진행한 것에는 ○표, 그렇지 않은 것에는 ×표를 하세요.**

3 수의사 선생님과 약속을 정하지 않고 바로 병원으로 찾아가서 면담을 요청하였다. (　　　　)

4 '수의사로서 보람을 느낄 때와 힘들 때는 언제인가요?'와 같이 알고 싶은 내용을 구체적으로 질문하였다. (　　　　)

5 면담한 내용을 정리할 때 수의사 선생님의 답변을 기록하지 않아 기억이 나지 않는 것은 전화로 다시 여쭤보았다. (　　　　)

정답 1 면담 2 목적 3 × 4 ○ 5 ×

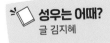

성우는 어때?

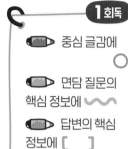

 ### 성우의 역사에 대해 알려 주세요.

성우를 영어로 보이스 액터(Voice Actor)라고 해요. 목소리 연기자라는 뜻이에요.

우리나라 성우의 역사는 라디오의 역사와 함께해 왔어요. 1927년에 경성방송국이 라디오 방송을 처음 시작했는데 그때는 일본어 방송만 있었어요. 1933년에 조선어로 라디오 드라마가 방송되면서 목소리로 연기하는 사람들이 생겼죠.

라디오 방송극은 해방 후에 **전성기°**를 맞이했어요. 당시에는 '방송극 연구원' 또는 '방송요원'이라고 했다가 1953년부터 성우로 부르게 되었죠. 서울중앙방송국(현재 KBS)에서 최초로 성우 공개 **채용°**을 했을 때예요. 1960년대 각 방송사들이 한 해 평균 150여 편의 라디오 드라마를 내보냈을 정도니까 ㉠라디오 드라마의 인기가 얼마나 높았는지 알 수 있어요. 당시 성우는 대중의 사랑을 듬뿍 받는 스타였죠.

 ### 성우는 어떤 일을 하나요?

요즘엔 다양한 곳에서 성우를 찾아요. 매체 광고, 교통 안내 방송, 제품 소개, 자동 응답 시스템(ARS)의 음성 녹음, 게임이나 오디오 북, 오디오 웹 드라마, 교육 콘텐츠를 만들 때 성우가 참여해요.

안내 방송이나 제품 소개, ARS 등은 한 번 녹음한 것을 반복적으로 사용하죠. 그래서 많이 들어도 질리지 않게 깔끔하고 건조한 목소리로 녹음해요. 또 사람들에게 잘 전달되어야 하니까 귀에 쏙쏙 들어오게 하는 게 중요하고요. ㉡게임의 경우 성우의 활약이 두드러져요. 새로운 캐릭터를 만들어 내는 일이라 여러 사람과 의논도 많이 하고 새로운 시도도 하죠. 요즘엔 애니메이션 주인공보다 게임 속 캐릭터를 연기하는 성우의 인기가 높은 경우도 있더라고요.

 ### 성우가 되기 좋은 목소리가 있나요?

[　　　　㉮　　　　] 질문을 많이 받아요. 답하기 어려운 질문이에요. 예쁜 목소리냐, 좋은 목소리냐는 듣는 사람에 따라 다르게 느끼는 거니까요.

- **전성기**(全 온전할 전, 盛 성할 성, 期 기약할 기) 가장 번성한 시기.
- **채용**(採 캘 채, 用 쓸 용) 사람을 뽑아서 씀.

질문을 바꿔 볼게요. 성우가 되기 어려운 목소리는 뭘까요? 소리가 약하거나 잘 갈라지는 목소리, 일정한 높이와 굵기가 유지되지 않는 목소리를 가졌다면 성우가 되기는 어려울 것 같아요. 목소리마다 타고난 특성이 있어요. 성대의 모양에 따라 목소리의 색깔이 결정되니까 그건 타고났다고 말할 수 있어요. 하지만 **발성**˚ 연습을 통해 목소리 이미지를 바꿀 수 있어요. 굵은 목소리를 가늘게, 가는 목소리를 굵게, 낮은 톤을 높일 수도 있어요. 그뿐 아니라 **가성**˚과 호흡을 사용해서 목소리 이미지를 다르게 만들 수도 있죠.

성우라는 직업의 미래 전망은 어떤가요?

ⓒAI 시대가 오면 성우라는 직업이 사라질 거라고 걱정하는 소리도 들었어요. 문장을 입력하면 말소리로 읽어 주는 음성 인식 프로그램들이 있어요. 얼핏 들으면 진짜 사람이 말하는 것처럼 들려요. 하지만 저는 AI가 사람의 감정을 표현할 수는 없다고 생각해요.

사람의 목소리는 아주 복잡하고 섬세한 감정을 표현할 수 있지만, 기계는 아직 어려울 것 같아요.

● **발성**(發 필 발, 聲 소리 성) 목소리를 냄.
● **가성**(假 거짓 가, 聲 소리 성) 일부러 꾸며 내는 목소리.

 빈칸에 알맞은 낱말을 써넣으며 내용을 정리해 보세요.

정답 및 해설 12쪽

질문 내용	답변 내용
❶ ㅅ ㅇ 의 역사	우리나라 성우의 역사는 라디오의 역사와 함께함. 1960년대 라디오 드라마의 인기와 함께 성우는 대중의 사랑을 듬뿍 받는 스타였음.
성우가 하는 일	요즘엔 매체 광고, 교통 안내 방송, 제품 소개, 자동 응답 시스템(ARS)의 음성 녹음, 게임이나 오디오 북, 오디오 웹 드라마, 교육 콘텐츠를 만들 때 성우가 참여함.
성우가 되기 위한 목소리의 조건	소리가 약하거나 잘 갈라지는 목소리, 일정한 높이와 굵기가 유지되지 않는 목소리를 가졌다면 성우가 되기 어려움. 발성 연습을 통해 ❷ ㅁ ㅅ ㄹ 이미지를 바꿀 수 있음.
성우라는 직업의 미래 전망	기계와 달리, 목소리로 아주 복잡하고 섬세한 ❸ ㄱ ㅈ 을 표현하는 성우는 미래에도 꼭 필요한 직업임.

2 회독 빈칸을 채우지 못했다면 다시 꼼꼼히 읽어요!

1 이 글의 특성으로 알맞은 것의 번호에 ○표 하세요.

(1) 성우가 어떤 직업인지 설명하는 책을 읽고 쓴 독서 감상문이다.

(2) 자신이 성우가 되면 어떤 일이 벌어질지 상상하여 쓴 이야기이다.

(3) 성우를 직접 만나 궁금한 점에 대해 질문하고 답변을 들은 면담 내용이다.

2 이 글에 나타난 성우의 역사를 정리한 것입니다. 빈칸에 알맞은 년도를 찾아 쓰세요.

1927년	1933년	해방 후
경성방송국이 일본어 라디오 방송을 시작함.	조선어로 라디오 드라마가 방송되면서 목소리 연기자가 생김.	라디오 방송극의 전성기. 방송극 연구원, 방송요원이라고 부름.

( )년	1960년대
서울중앙방송국에서 최초로 성우 공개 채용을 하면서부터 성우로 부르게 됨.	라디오 드라마의 인기와 함께 당시 성우는 스타였음.

3 이 면담의 내용을 정리한 것으로 알맞지 <u>않은</u> 것은 무엇인가요? (   )

면담의 목적	① 성우라는 직업에 대해 알아보기 위해서
면담을 통해 알게 된 것	② 1960년대 성우는 라디오 드라마와 함께 대중에게 사랑받는 스타였다.
	③ 안내 방송, ARS 등은 새로운 시도를 하기 위해 다양한 톤으로 녹음한다.
	④ 게임 속 새로운 캐릭터를 만들어 낼 때는 성우의 활약이 두드러진다.
	⑤ 목소리마다 타고난 특성이 있지만, 발성 연습을 통해 목소리 이미지를 바꿀 수 있다.

4 ⓐ에 들어갈 질문 내용으로 알맞은 것은 무엇인가요? (   )

① 좋아하는 다른 성우가 있느냐는

② 성우가 되기 위해 꼭 필요한 역량이 무엇이냐는

③ 인기가 많은 성우가 되려면 어떻게 해야 하냐는

④ 여러 가지 목소리를 내기 위해 어떤 노력을 하냐는

⑤ 성우가 되려면 좋은 목소리나 예쁜 목소리를 타고나야 하는 거냐는

5 이 면담 내용을 보고 성우가 되기 위해 노력할 점을 알맞게 파악하여 말한 친구의 이름에 ○표 하세요.

요즘 성우가 가장 활약하는 분야인 라디오 드라마를 열심히 들으며 연기 연습을 해야겠어.

승민

발성 연습을 해서 일정한 높이와 굵기가 유지되는 목소리를 갖도록 노력할 거야.

서연

소리가 약하고 잘 갈라지는 목소리를 나만의 이미지로 만들어 볼 생각이야.

한들

6 다음 자료는 ㉠~㉢ 중 무엇을 뒷받침하는 내용으로 알맞은지 찾아 기호를 쓰세요.

> 게임의 캐릭터 소개에 성우 이름을 함께 적는다. 게임 캐릭터를 연기하는 성우에 대한 관심이 뜨거워 어떤 성우가 게임 제작에 참여했는지 매우 중요해졌다. 게임을 구매할 때 성우를 보고 게임을 선택하기도 하고, 성우의 연기에 따라 게임의 인기가 더 높아지기도 한다. 캐릭터를 잘 살려 연기하는 성우일수록 게임 스토리 속에서 빛나는 존재로 자리매김하여 인기를 얻게 되는 것이다.

(   )

> 면담을 할 때는 면담 목적에 맞는 질문을 해야 해요. 성우라는 직업과 관련 없는 개인적인 질문은 하지 않도록 주의하세요.

7 성우라는 직업에 대해 궁금한 내용을 떠올려 추가로 질문할 내용을 세 가지 더 써 보세요.

-
-
-

2 주차에서 우리는

06 시의 비유적 표현

비유적 표현은 시인이 표현하고자 하는 생각과 정서를 간접적으로 드러내요. 따라서 비유를 통해 시인이 무엇을 말하고자 하는지, 어떤 감정을 느꼈는지 더욱 깊이 이해할 수 있어요.

↳비유적 표현 어떤 대상을 공통점을 가진 다른 대상에 빗대어 표현하는 것으로, 은유법, 직유법, 의인법 등이 있음.

- **은유법**: 어떤 대상을 다른 대상에 '~은/는 ~이다'로 빗대어 표현하는 방법.
- **직유법**: '~같이', '~처럼', '~듯이'와 같은 말을 써서 두 대상을 직접 견주어 표현하는 방법.
- **의인법**: 사람이 아닌 것을 사람처럼 표현하는 방법.

확인 문제를 풀어 보며 개념을 익혀요.

[1~2] 다음 괄호 안에 들어갈 말로 알맞은 것에 ○표 하세요.

1 어떤 대상을 (공통점 , 차이점)을 가진 다른 대상에 빗대어 표현하는 것을 비유라고 한다.

2 비유적 표현을 사용하면 장면이나 내용을 인상 깊게 표현하여 (글쓴이 , 주제)를 효과적으로 전달할 수 있다.

[3~5] 다음 문장에 쓰인 비유적 표현으로 알맞은 것을 보기에서 찾아 쓰세요.

┤ 보기 ├
은유법	직유법	의인법

3 운동장이 네 맘 다 안다는 듯이 괜찮다고, 잠깐 앉았다 가라고 말을 건다.

(   )

4 물통에 물을 넣어 냉동실에 얼렸더니 벽돌처럼 딱딱해졌다.

(   )

5 방학은 내가 하고 싶은 일이 가득 담긴 선물 상자이다. (   )

정답 1 공통점 2 주제 3 의인법 4 직유법 5 은유법   06. 시의 비유적 표현 **43**

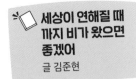

세상이 연해질 때
까지 비가 왔으면
좋겠어
글 김준현

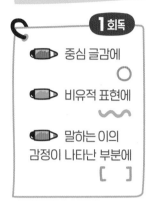

1회독

중심 글감에 ○

비유적 표현에 〰️

말하는 이의
감정이 나타난 부분에

[ ]

단물

씹혔다˚ 그 아이한테 자꾸 씹혔다
내 말이 껌인가? 자꾸 씹게
생각했지만 자꾸 씹히기만 해도
꿈이든 껌이든 좋았다

㉠풍선껌처럼 잔뜩 부풀어 오른 꿈은
개구리 울음주머니처럼 불룩불룩
터질 때마다 딸기 냄새가 나는 숨소리
하루하루가 달콤했는데

그 아이가 내게 한 마디 말을 한 그날

단물이 다 빠져 버렸다
맛도 없고 재미도 없다 이제 너랑 **절교**˚라고
말을 **함부로**˚ 뱉어 버렸다
바닥에 툭 버려진 껌처럼 아스팔트인 척
아무 일도 없었던 척

쓸데없는데 쓸 게 너무 많아서
㉡온통 그 아이 그림자로 물든 일기장은
매연이 가득한 길바닥이었다
며칠 동안 거기 **퍼져**˚ 앉아 있었다
내가 어두워지는 줄도 모르고

- **씹히다** 내 말을 못 들은 체하
  거나 문자 메시지 등에 답이 오
  지 않다.
- **절교**(絕 끊을 절, 交 사귈 교)
  서로 사귀어 가까이 지내는 것
  을 완전히 그만둠.
- **함부로** 조심하거나 깊이 생각
  하지 않고 마음 내키는 대로 마
  구.
- **퍼지다** 지치거나 힘이 없어 몸
  이 늘어지다.

 **구조 읽기** 빈칸에 알맞은 낱말을 써넣으며 내용을 정리해 보세요.

정답 및 해설 14쪽

1연	그 아이가 내 말을 ❶ ㄲ 처럼 자꾸 씹어도 난 그 아이가 좋았음.
2연	그 아이와 함께라면 하루하루가 달콤했음.

➡ **풍선껌**

❷ ㄷ ㅁ 이 가득함.

3연	그 아이가 그날 내게 한 마디 말을 함.
4연	나는 그 아이에게 ❸ ㅈ ㄱ 라고 말을 함부로 뱉어 버림.

➡ 단물이 다 빠져 바닥에 툭 버려짐.

5연	일기장은 온통 그 아이에 대한 이야기로 가득했고, 며칠 동안 그 아이 생각에 우울함.

2 회독 빈칸을 채우지 못했다면 다시 읽어요!

1 다음 낱말의 뜻에 해당하는 시어를 **보기**에서 찾아 그 번호를 쓰세요.

┤ 보기 ├

① 씹혔다   ② 함부로   ③ 퍼져

(1) 힘이 없어 몸이 늘어져. (   )

(2) 내 말에 대꾸하거나 답하지 않고 무시했다. (   )

(3) 조심하거나 깊이 생각하지 않고 마음 내키는 대로 마구. (   )

2 이 시의 내용을 <u>잘못</u> 파악한 것을 두 가지 고르세요. (   )

① '그 아이'는 말하는 이의 말을 자주 무시하였다.

② 말하는 이가 '그 아이'에게 너랑 절교라고 말했다.

③ 말하는 이는 '그 아이'와 절교한 것이 잘한 일이라고 생각했다.

④ 말하는 이는 절교한 뒤에도 온통 '그 아이' 생각으로 가득했다.

⑤ 말하는 이는 길바닥에 앉아 있는 것을 좋아하게 되었다.

3 이 시의 ㉠, ㉡에 쓰인 비유적 표현을 알맞게 연결하세요.

(1)

㉠ '풍선껌처럼 잔뜩 부풀어 오른 꿈'

· ① 은유법

(2)

㉡ '온통 그 아이 그림자로 물든 일기장은 / 매연이 가득한 길바닥이었다'

· ② 직유법

4 다음은 이 시에서 사용한 비유적 표현에 대한 느낌을 정리한 것입니다. 빈칸에 들어갈 알맞은 말을 세 글자로 쓰세요.

'내 마음'을 [   ]에 빗대어 달콤하다가 단물이 다 빠져 버리고 결국 바닥에 툭 버려진 껌으로 표현한 것이 재미있고 참신했다. 비유적 표현을 사용하여 '내 마음'이 생생하게 느껴지고 이해가 잘 되었다.

(   )

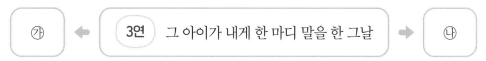

5 이 시의 내용을 다음과 같이 나타낼 때, 3연의 앞뒤에 나타난 말하는 이의 마음을 잘못 파악한 것은 무엇인가요? (   )

| ㉮ | ← | 3연 그 아이가 내게 한 마디 말을 한 그날 | → | ㉯ |

① ㉮에서 말하는 이는 '그 아이'의 행동이 서운했지만 그래도 좋았다.

② ㉮에서 말하는 이는 '그 아이'와 함께하는 시간이 달콤했다.

③ ㉯에서 말하는 이는 아무 일도 없었던 척했다.

④ ㉯에서 말하는 이는 며칠 동안 '그 아이' 생각에 우울했다.

⑤ ㉯에서 말하는 이는 '그 아이'의 얼굴이 점점 떠오르지 않게 되었다.

6 다음 글에서 이 시에 나온 풍선껌의 '단물'과 비슷한 의미를 갖는 낱말을 찾아 쓰세요.

> 내 마음은 열기구이다. 기구 속이 뜨거운 열기로 가득 차면 떠오르는 열기구. 어떤 일에 대한 열정이 가득할 때는 내 마음도 열기와 함께 팽창하여 두둥실 떠오른다. 하지만 항상 떠 있을 수만은 없는 법. 열정이 식으면 둥실둥실 떠다니던 내 마음도 열기가 사라진 열기구처럼 서서히 내려앉는다.

열기구의 (   )

> 나의 가족을 잘 모르는 사람도 쉽게 상상할 수 있도록 공통점을 가진 비슷한 대상을 떠올려 표현해 봐요.

7 가족 중 한 명을 떠올려 보고, 비유적 표현을 사용하여 그 모습이나 성격을 짧은 시로 써 보세요.

_____

_____

_____

07 글 속의 **자료**

글의 내용에 신뢰감을 주거나 어려운 내용을 흥미롭게 보여 주기 위해 자료를 사용해요. 자료
가 글에서 어떤 역할을 하는지, 자료의 출처나 내용은 믿을 만한지 확인하며 읽는 것이 좋아요.

╋자료 도표, 사진, 동영상 등 연구, 조사의 바탕이 되는 재료를 자료라고 함.

- **도표**: 자료의 변화 모습을 한눈에 보여 줄 수 있음.
- **사진**: 대상의 모습을 사실대로 정확히 보여 줌.
- **동영상**: 음악이나 자막 등을 넣어 분위기를 잘 전달할 수 있음.

확인 문제를 풀어 보며 개념을 익혀요.

1~5 다음과 같은 상황에서 효과적으로 활용할 수 있는 자료를 알맞게 연결하세요.

1 지구 온난화의 심각성을 설명하기 위해 연도별 평균 기온의 변화를 보여 줄 거야.

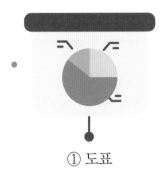

① 도표

2 콩나물을 다듬는 것부터 무치는 것까지의 과정을 직접 보여 주면 따라 하기 더 쉬울 것 같아.

3 겨울철에 발생하는 안전사고의 종류와 발생 빈도가 한눈에 보이도록 정리하면 좋을 것 같아.

② 사진

4 배구의 수비 방법을 그림으로 보니까 동작이 어떻게 연결되는지 이해가 잘 안 돼. 연결 동작을 보여 주는 것이 좋겠어.

③ 동영상

5 독도에서만 볼 수 있는 야생화의 모습을 독도 알리기 신문에 넣으려고 해.

제발 오지 말아 주세요

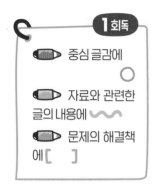

1회독

● 중심 글감에 ○

● 자료와 관련한 글의 내용에 〰️

● 문제의 해결책 에 [ ]

　맛있는 음식과 책에서만 보던 유적지, 일상에서 벗어난 설렘으로 가득한 관광지에 '살려 주세요. 제발 오지 말아 주세요.'라고 쓰인 팻말이 보인다. 이것은 '오버 투어리즘'과 관계가 있다. 오버 투어리즘(over tourism)이란, over(지나치게)와 tourism(관광)의 합성어로, 관광지에 <u>수용</u>° 가능한 인원 이상의 관광객이 몰리면서 도시에 문제가 생기고 주민들의 삶에 피해가 생기는 것을 말한다.

　지구촌 곳곳에서 골머리를 앓고 있는 오버 투어리즘의 원인은 증가한 관광객 수에 있다. 2020년 전 세계적인 전염병의 유행으로 감소한 관광객 수는 2023년 거의 이전 수준으로 회복되었다. 전염병으로 인해 그동안 못 갔던 여행을 가는 사람이 증가했고, 삶의 수준이 상승하자 해외로 여행을 가는 경우도 늘어났기 때문이다. 또한 사회관계망 서비스[SNS]의 발달로 인기 있는 관광지가 널리 공유되며 많은 사람이 특정 관광지에 몰리는 것도 한 원인이다.

↝ **해외 관광객 도착** (단위: 억 명)

[출처] 세계 관광 기구(UNWTO)

　오버 투어리즘으로 인한 피해는 여러 사람에게 돌아간다. 우선 주민들은 소음 공해에 시달리고 교통 이용에 불편을 겪는다. 실제로 스페인 바르셀로나에서는 관광객에게 밀려 노인들이 버스를 이용하지 못하는 일이 문제가 되었고, 스페인 이비사섬은 관광객을 받으려는 숙박 시설이 늘면서 집값이 치솟자 주민들이 섬 밖으로 이사를 하는 웃지 못할 일도 벌어지고 있다. 한편 관광객이 몰리면 관광객도 피해를 본다. 대기 시간이 길어지고 많은 인파로 인해 피로를 호소하는 경우도 종종 볼 수 있다. 게다가 사람들이 배출하는 쓰레기로 인한 환경 문제, 문화유산의 <u>훼손</u>°도 큰 문제이다. 실제로 연간 수백만 명의 관광객이 찾는 이탈리아 로마 트레비 분수는 일부 관광객의 문화유산 훼손 행위가 끊이지 않아 보존 및 관리에 애를 먹고 있다.

● **수용**(收 거둘 수, 容 얼굴 용)
　일정한 곳에 모아 넣음.

● **훼손**(毁 헐 훼, 損 덜 손) 헐거나 깨뜨려 못 쓰게 만듦.

▲ 이탈리아 로마 트레비 분수에 몰린 관광객

주민과 관광객, 환경, 문화유산 모두에 부정적 영향을 미치고 있는 오버 투어리즘의 해결을 위해 각 나라는 여러 대책을 세우고 있다. 스페인 바르셀로나의 시의회는 관광객으로 인해 주민들이 버스를 타지 못하자 인터넷 지도에서 특정 버스 노선을 삭제했다. 보라카이의 경우, 환경 파괴가 심해지자 일정 기간 섬을 닫아 관광객을 받지 않기도 하였다. 연간 주민의 약 400배에 달하는 관광객이 몰리는 이탈리아 베네치아는 관광객에게 도시 입장료와 같은 관광세를 **부과하였다**. 하지만 관광객이 너무 줄어도 문제이기 때문에 아직 사람들에게 알려지지 않았지만, 새롭고 매력 있는 관광지를 홍보하여 관광객을 분산시키기도 한다.

오버 투어리즘을 해결하기 위한 여러 나라의 노력과 더불어 각 개인에게는 공정 여행이라는 움직임이 퍼져 가고 있다. 공정 여행은 현지의 환경과 문화를 존중하는 여행을 말한다. 나의 즐거움이 다른 사람에게 피해를 주지 않도록 환경과 지역 사회, 지역 주민 모두를 고려하며 **지속 가능한** 여행을 추구하는 움직임에 관광객도 힘을 보태고 있다.

- **부과**(賦 구실 부, 課 매길 과)**하다** 세금이나 부담금 등을 매기어 부담하게 하다.
- **지속 가능**(持 가질 지, 續 이을 속, 可 옳을 가, 能 능할 능)**한** **(발전)** 자원을 공평하게 나누어 쓰면서 우리 후손들도 자원을 사용할 수 있도록 해야 한다는 것.

구조읽기 빈칸에 알맞은 낱말을 써넣으며 내용을 정리해 보세요.

정답 및 해설 16쪽

오버 투어리즘의 뜻	오버 투어리즘이란, 관광지에 수용 가능한 인원 이상의 ❶ ㄱㄱㄱ 이 몰리면서 도시에 문제가 생기고 주민들의 삶에 피해가 생기는 것을 말함.
오버 투어리즘의 원인	오버 투어리즘의 원인은 관광객 수의 증가와 관광객이 특정 관광지에 몰리는 현상 때문임.
오버 투어리즘으로 인한 문제와 해결책	오버 투어리즘으로 주민들, 관광객 모두에게 ❷ ㅍㅎ 가 돌아가며, 환경 문제, 문화유산 훼손 문제 등이 발생함.
	오버 투어리즘의 해결을 위해 각 나라는 여러 대책을 세우고 있음.
	오버 투어리즘을 해결하기 위해 각 개인에게는 ❸ ㄱㅈㅇㅎ 이라는 움직임이 퍼져 가고 있음.

2회독 빈칸을 채우지 못했다면 다시 **꼼꼼히** 읽어요!

1 이 글을 읽고 알 수 있는 내용으로 알맞지 <u>않은</u> 것은 무엇인가요? (　　　　)

① 오버 투어리즘은 전 세계적으로 문제가 되고 있다.

② 오버 투어리즘의 해결을 위해 개인이 할 수 있는 일은 없다.

③ 아직 알려지지 않은 좋은 관광지를 홍보하여 관광객을 분산시킨다.

④ 오버 투어리즘의 해결을 위해 각 나라마다 다양한 대책을 세우고 있다.

⑤ 2020년 전 세계적인 전염병의 유행으로 관광객이 감소하였다가 그 후 계속 증가하고 있다.

2 이 글에 쓰인 다음 낱말의 뜻으로 알맞은 것을 찾아 연결하세요.

(1) 수용　・　　　　　　　　・① 일정한 곳에 모아 넣음.

(2) 훼손　・　　　　　　　　・② 헐거나 깨뜨려 못 쓰게 만듦.

(3) 부과　・　　　　　　　　・③ 세금 등을 매기어 부담하게 함.

3 이 글에서 활용한 자료에 대해 정리한 내용입니다. 빈칸에 들어갈 자료를 **보기**에서 찾아 쓰세요.

┤ 보기 ├
도표
사진
동영상

(1) 2020년 이후 해외 관광객이 연도별로 점차 증가하고 있다는 것을 (　　　　　　　)(으)로 보여 주었다.

(2) (　　　　　　　)을/를 활용하여 유명 관광지에 관광객이 얼마나 몰리는지 사실적으로 보여 주었다.

4 위 **3**에서 답한 자료를 활용한 효과로 알맞지 <u>않은</u> 것은 무엇인가요?

(　　　　)

① 글의 내용을 생생하게 전달할 수 있다.

② 글의 내용을 효과적으로 전달할 수 있다.

③ 읽는 이로 하여금 흥미를 느끼게 할 수 있다.

④ 읽는 이가 글의 내용을 더 쉽게 이해할 수 있다.

⑤ 글을 꼼꼼히 읽지 않아도 내용을 이해할 수 있다.

5 이 글에서 다음 뉴스에 나타난 문제를 해결할 수 있는 방법을 찾아 빈칸에 쓰세요.

> 앵커: 서울 북촌 한옥 마을은 연간 1,200만 명이 찾는 관광 명소인데요. 소음과 쓰레기로 인한 주민 피해가 심각하다고 합니다. 영상 보시겠습니다.
>
> 북촌 주민 1: 아침 8시부터 관광차들이 들어와서 도로가 아수라장이에요.
>
> 북촌 주민 2: 관광객들은 사람이 사는 집 앞 계단까지 올라와 사진을 찍습니다.

• 주민들에게 피해를 주지 않도록 현지의 환경과 문화를 (   ) 하는 마음으로 관광을 한다.

6 다음과 같은 자료를 활용하여 이 글에 반박하는 내용을 쓴 것입니다. 괄호 안에 들어갈 알맞은 말에 ○표 하세요.

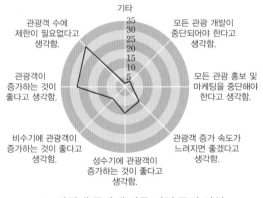

▲ 관광객 증가에 따른 지역 주민 인식

[출처] 세계 관광 기구(UNWTO), 2018.

> 세계 관광 기구의 조사 자료에 따르면, 이 글의 내용과는 다르게 지역 주민들은 대부분 관광객 수를 (늘리는 , 제한하는) 것을 원하지 않고, 관광 개발이나 홍보 및 마케팅을 (늘려야 , 중단해야) 한다는 의견도 매우 낮은 비율이다. 따라서 오버 투어리즘의 해결책은 관광객의 편의를 제한하는 방법보다는 관광객과 지역 주민 모두를 위한 정책을 개발하는 방향으로 가야 한다.

> 관광객의 편의를 제한하거나, 관광세를 부과하거나, 공정 여행에 대한 마음가짐을 갖는 것 등이 오버 투어리즘의 해결을 위한 대책에 해당해요.

7 오버 투어리즘의 해결을 위한 여러 대책 중 가장 효과적일 것이라고 생각하는 대책과 그렇게 생각한 까닭을 써 보세요.

08 글 안에 쓰이는 **속담**

속담은 오랜 시간 동안 조상들의 지혜와 경험이 쌓여서 만들어진 표현이에요. 글에서 속담을 사용하면 의미를 쉽게 전달하고 공감을 이끌어 낼 수 있어요. 하지만 속담은 비유적 표현이 많아서 속담을 통해 글쓴이가 하려는 말을 정확히 이해하려면 그 속에 담긴 뜻을 알아야 해요.

✦ **속담** ・예로부터 사람들의 입에서 입으로 전해 내려오는 짧은 문장의 비유적인 말.

・우리 민족의 생각과 지혜, 생활 모습, 교훈, 경계해야 할 일 등에 대한 내용을 담고 있음.

1~3 **보기의 속담과 그 뜻을 살펴보고, 다음 빈칸에 들어가기 알맞은 속담을 보기에서 찾아 쓰세요.**

┤ **보기** ├

- '**가는 날이 장날**' ➡ 일을 보러 가니 공교롭게 장이 서는 날이라는 뜻으로, 어떤 일을 하려고 하는데 뜻하지 않은 일을 공교롭게 당함을 비유적으로 이르는 말.
- '**개구리 올챙이 적 생각 못 한다**' ➡ 형편이나 사정이 전에 비하여 나아진 사람이 지난날 어렵던 때의 일을 생각지 아니하고 처음부터 잘난 듯이 뽐냄을 비유적으로 이르는 말.
- '**세 살 적 버릇이 여든까지 간다**' ➡ 어릴 때 몸에 밴 버릇은 늙어 죽을 때까지 고치기 힘들다는 뜻으로, 어릴 때부터 나쁜 버릇이 들지 않도록 잘 가르쳐야 함을 비유적으로 이르는 말.

1 어제 늦게 자는 바람에 아침에 못 일어나서 지각을 했다. 선생님께서는 '_____'고 지각이 버릇이 되지 않도록 하는 것이 좋겠다고 말씀하셨다.

( )

2 곧 아버지 생신이라 이것저것 음식을 장만하기 위해 주말에 어머니와 함께 장을 보러 마트에 갔다. 그런데 마트에 도착하니 썰렁하다. '_____'이라고 하필이면 오늘이 마트 쉬는 날이라니!

( )

3 동생이 구구단 5단을 어려워하여 가르쳐 주었다. 5씩 뛰어 세기를 하면 되는데 왜 제일 쉬운 5단을 어려워하는지 모르겠다. 여러 번 알려 줘도 계속 틀려서 어머니께 하소연을 하였다. 그랬더니 어머니께서는 '_____'고 하셨다.

( )

경험을 통해 얻게 된 삶의 지혜, 속담

1회독

⬭ 속담을 사용하면 좋은 점에 ◯

⬭ 이야기에서 인물의 성격을 알 수 있는 행동에 〰️

⬭ 속담과 속담이 사용된 상황에 [ ]

예로부터 사람들의 입에서 입으로 전해 내려오는 속담에는 우리 민족의 생각과 지혜가 담겨 있어요. 여덟 살이나 차이 나는 형에게 덤비는 동생을 보고 ㉮'하룻강아지 범 무서운 줄 모른다°더니.'라고 말하면 그 의미가 바로 와닿지 않나요? 이렇듯 속담은 짧은 문장으로 자신의 생각을 쉽게 효과적으로 전달할 수 있고, 듣는 사람 또한 흥미를 느낄 수 있어요. 속담이 쓰이는 상황을 생각하며 다음 이야기를 읽어 봅시다.

옛날 어느 어촌 마을에 이름이 '강'인 아저씨가 살았습니다. 강 아저씨는 그가 기억할 수 있는 모든 순간을 바다에서 보냈다고 해요. 글을 익히기도 전에 아버지께 그물을 내리는 법을 배웠고, 친구들과 뒷산에서 노는 것보다 배 위에서 시간을 보내는 것을 좋아했죠. 집에 돌아와 어린 강 아저씨를 무릎에 앉혀 놓고 도란도란 이야기를 나누며 그물을 다시 뜨는 것이 아버지의 즐거움이기도 했어요.

"강아, 여기 구멍 뚫린 곳 보이지? 이 ㉠코를 꼼꼼히 다시 뜨지 않으면 아무리 열심히 낚아도 고기가 구멍 사이로 다 도망을 가 버리고 만단다."

어린 강 아저씨는 자신의 ㉡코를 가리키며 어리둥절했어요.

"아이고 녀석아, 그 ㉢코가 아니라, 그물의 이 매듭을 ㉣코라고 한단다."

아버지의 눈에는 그 모습이 마냥 귀여워 하루의 피곤이 싹 가시는 것 같았지요.

강 아저씨가 그때 아버지의 나이가 될 때까지 평생을 바다에서 보낸 것은 딸린 식구들이 많았기 때문이에요. 늙은 어머니와 아내, 아들 다섯에 딸 넷을 먹여 살리려면 새벽부터 바다에 나가야 했지요. 풍족하지는 않았지만 한 달에 두세 번은 모두가 고기반찬을 배부르게 먹을 수 있을 만큼 고기를 잡기도 했어요. 그런데 요즘은 먹을 쌀을 사기도 힘들 정도로 고기가 잡히지 않아 강 아저씨의 **시름**°은 날로 깊어만 갔습니다.

여느 때처럼 이른 새벽부터 바다에 나간 어느 날, 강 아저씨가 들어 올린 그물에 커다란 거북이 낚였어요. 강 아저씨는 슬픈 눈으로 쳐다보는 거북을 다시 바다로 돌려보냈어요. 예로부터 바다거북은 용왕의 **사신**°이라 하여 신성하게 여겼기 때문이죠.

그런 일이 있고 며칠 뒤부터 신기한 일이 일어났어요. 강 아저씨가 그물을 들어 올리기만 하면 온갖 고기가 가득 낚였어요. 하루 종일 일을 하고 돌아온 강

● **하룻강아지 범 무서운 줄 모른다** 철없이 함부로 덤비는 경우를 비유적으로 이르는 말.

● **시름** 마음에 걸려 풀리지 않고 항상 남아 있는 근심과 걱정.

● **사신**(使 부릴 사, 臣 신하 신) 임금이나 국가의 명령을 받고 다른 나라에 파견되는 신하.

아저씨는 잠을 줄여 가며 그물을 다시 뜨곤 했지요. 고기가 많이 낚이는 만큼 그물에 구멍도 많아져 전보다 더 많은 시간이 필요했어요. 어느 날은 그물을 다 손질하고 났더니 동이 튼 적도 있었어요. 강 아저씨의 아내는 대강하고 쉬라고 말렸지만 강 아저씨는 항상 이렇게 말했어요.

"구멍을 대강 손질해서 고기가 빠져나가면 열심히 일한들 무슨 소용이 있겠소? ㉯밑 빠진 독에 물 붓기˚지."

아무리 힘들어도 강 아저씨는 그물을 완벽하게 **정비하여**˚ 다시 고깃배를 타러 나가곤 했어요. 모든 것이 바다거북 덕분이라고 생각하며 감사한 마음을 가지고 말이에요.

강 아저씨가 매일 꼼꼼하게 그물 구멍을 손질한 이유는 무엇인가요? 구멍으로 고기가 빠져나가 열심히 일한 것이 헛되지 않게 하기 위함이었죠. 이 상황을 이렇게 길게 설명할 수도 있지만, 속담을 사용해 간단하게 의미를 전달할 수도 있답니다. '밑 빠진 독에 물 붓기'란, 아무리 힘을 들여도 보람 없이 헛된 일이 되는 상태를 뜻해요. 내가 공부하는 자세를 돌아보고 혹시 지금 밑 빠진 독에 물 붓기와 같은 행동을 하고 있지는 않은지 생각해 보아요.

- **밑 빠진 독에 물 붓기** 아무리 애를 써도 보람 없이 헛된 일이 되는 상태를 비유적으로 이르는 말.
- **정비**(整 가지런할 정, 備 갖출 비)**하다** 기계나 기구 등을 잘 이용할 수 있도록 보살피고 손질하다.

 **구조읽기** 빈칸에 알맞은 낱말을 써넣으며 내용을 정리해 보세요.

정답 및 해설 (18쪽)

속담이란		예로부터 사람들의 입에서 입으로 전해 내려오는 짧은 문장의 비유적인 말로, 우리 민족의 생각과 ❶ ㅈ ㅎ 가 담겨 있음.
강 아저씨 이야기	속담이 쓰이는 상황	• 아버지를 따라 어린 시절을 바다에서 보낸 강 아저씨는 가족들을 먹여 살리기 위해 평생을 바다에서 일함.
		• 고기가 많이 잡히지 않아 걱정하던 어느 날, 그물에 낚인 ❷ ㄱ ㅂ 을 바다로 돌려보냈고, 며칠 뒤부터 온갖 고기가 가득 낚임.
		• 강 아저씨는 바쁜 나날을 보내면서도 구멍을 대강 손질해서 고기가 빠져나가면 '밑 빠진 독에 물 붓기'라며 ❸ ㄱ ㅁ 손질을 게을리하지 않음.
	속담의 효과	길게 설명할 내용을 속담을 사용해 ❹ ㄱ ㄷ 하게 의미를 전달할 수 있음.

2회독 빈칸을 채우지 못했다면 다시 **꼼꼼히** 읽어요!

1 ㉠~㉣에 쓰인 '코'의 뜻으로 알맞은 것을 찾아 각각 기호를 쓰세요.

(1) 얼굴 중앙에 튀어나온 부분. 냄새를 맡고 숨을 쉬는 기관. (   )

(2) 그물이나 뜨개질의 끈이나 실을 꿰는 매듭. 코와 코를 잡아맨 눈이 모여서 그물이 되고, 코와 코를 서로 끼워서 뜨개 옷이 된다. (   )

2 이 이야기에서 알 수 있는 강 아저씨의 성격과 거리가 <u>먼</u> 것은 무엇인가요?
(   )

① 꼼꼼하고 부지런하다.　　　　② 무슨 일이든 대충 한다.
③ 은혜에 감사할 줄 안다.　　　　④ 가족에 대한 책임감이 강하다.
⑤ 몸을 아끼지 않고 열심히 일한다.

3 밑줄 친 ㉮, ㉯처럼 속담을 사용하여 말하면 좋은 점을 두 가지 고르세요.
(   )

① 문제 상황에 대한 해결책을 보여 준다.
② 생각을 객관적으로 뒷받침하는 근거가 된다.
③ 듣는 이가 쉽게 이해하고 흥미를 느낄 수 있다.
④ 상황을 짧은 문장으로 간단하게 전달할 수 있다.
⑤ 듣는 이로 하여금 잘못을 떠올려 반성하게 한다.

4 다음과 같은 상황에서 밑줄 친 '이 속담'으로 알맞은 것을 ㉮, ㉯ 중에서 골라 기호를 쓰세요.

> 나는 거실 청소 담당이다. 학교에서 돌아오면 아침에 정신없이 어지르고 나간 옷가지나 쓰레기를 말끔히 치운다. 하지만 오후가 되면 다시 똑같아진다. 매번 어지르는 동생이 있기 때문이다. 열심히 치워 봤자 헛수고라는 생각이 들었다. 같은 일이 반복되니 <u>이 속담</u>이 떠올랐다.

(   )

5 다음 글에 나타난 흥부와 강 아저씨의 공통점을 알맞게 말한 친구의 이름에 ○표 하세요.

> 어느 날, 흥부네 집 처마 밑에 있는 새 둥지에 구렁이가 나타나 새끼 제비를 잡아먹으려고 하였다. 구렁이를 피하려고 발버둥 치던 새끼 제비는 마당으로 떨어져 다리가 부러지고 말았다. 흥부는 구렁이를 쫓아내고 새끼 제비의 다리를 정성껏 치료해 주었다. 흥부 덕분에 살아난 제비는 가을에 따뜻한 곳으로 날아갔다. 그리고 이듬해 봄, 흥부네 집을 다시 찾아와 박씨를 하나 떨어뜨렸다. 흥부는 박씨를 심었고 점점 자라 큰 박이 열렸다. 흥부가 박을 타자 박 속에서는 온갖 금은보화가 쏟아져 나왔다.

6 강 아저씨가 다음과 같이 행동했을 때 쓸 수 있는 속담에 ○표 하세요.

> 너무 힘들었던 강 아저씨가 하루는 그물을 손질하지 않고 그냥 고기를 잡으러 나갔다. 하지만 구멍이 숭숭 난 그물에 고기가 들었을 리 없었다. 강 아저씨는 급하게 그물을 손질해 보려고 했지만 어림없었고, 그날은 온 가족이 굶을 수밖에 없었다.

(1) 소 가는 데 말도 간다 (　　　) (2) 소 잃고 외양간 고친다 (　　　)

> 속담에는 우리 조상의 생활 모습이 담겨 있기 때문에 우리 일상생활에도 적용하여 지혜와 교훈을 얻을 수 있어요.

7 내가 아는 속담을 떠올려 일상생활에서 그 속담을 활용할 수 있는 상황과 함께 써 보세요.

주장하는 글의 특징

주장하는 글은 어떤 주제에 대하여 자기의 생각이나 주장을 밝히는 글이에요. 따라서 글쓴이의 주장이 타당한지, 근거는 객관적이고 논리적인지 비판적으로 생각하며 읽어야 해요.

➜ 주장하는 글의 표현 방법 ・자신만의 생각이나 감정에 치우치는 주관적인 표현보다는 사실을 있는 그대로 드러내는 객관적인 표현을 사용함.

・낱말이나 문장이 나타내는 의미가 분명하지 않은 모호한 표현보다는 자신의 견해나 관점을 정확하게 나타낼 수 있는 표현을 사용함.

・'반드시', '절대로', '결코'와 같이 어떤 사실을 딱 잘라 판단하거나 결정해 단정하는 표현은 조심해서 써야 함.

1~4 다음 중 주장하는 글에 사용하기에 적절한 표현에는 ○표, 그렇지 않은 표현에는 ×표 하세요.

1 스마트폰은 적당히 알아서 사용하는 것이 건강에 해롭지 않다. (   )

2 국립 공원에 케이블카를 설치하면 수려한 자연 경관이 훼손될 수 있다.

(   )

3 농구는 가장 재미있는 운동이기 때문에 체육 대회 종목에 반드시 들어가야 한다.

(   )

4 가공식품은 비만과 고혈압 등을 유발하기 때문에 통조림, 햄, 과자, 라면 등의 가공식품 섭취를 줄여야 한다. (   )

5~6 다음 문장에서 주장하는 글에 어울리지 <u>않는</u> 표현을 찾아 밑줄을 그으세요.

5 내 생각에 동물원을 없애야 한다.

6 아마 인공 지능은 인간의 일자리를 빼앗을 것이다.

우주를 향한 도전

1회독

🔖 글쓴이의 주장
에 [　]

🔖 주장을 뒷받침
하는 근거에 〰️

🔖 글쓴이의 주장
과 반대되는 주장에 ◯

2022년 누리호 2차 발사의 성공으로 우리나라는 세계에서 일곱 번째로 인공위성을 자체 기술로 쏘아 올릴 수 있는 나라가 되었다. 누리호의 성공으로 우리나라는 독자적인 우주 수송 능력을 확보했다. 우주 개발을 위해서 우리나라는 총 2조 원이 넘는 개발비를 투자했고, 2027년까지 우주 개발 투자 예산을 연간 1조 5,000억 원 이상으로 확대할 예정이다. 그러나 한편에서는 이처럼 막대한 비용을

▲ 2023년 누리호 3차 발사

써 가며 우주 개발에 투자를 할 필요가 있는지 의문을 제기한다. 그들은 우주 개발에 대한 천문학적인 투자는 우리나라의 경제 규모에 맞지 않다고 지적한다.

하지만 우주 개발을 ㉠**근시안적**˚으로 보아서는 안 된다. 우주는 인류에게 무한한 가능성을 제공해 준다. 세계의 주요 강대국이 오래전부터 우주 개발에 ㉡**심혈**˚을 기울여 온 이유도 여기에 있다. 우리나라가 우주를 향한 도전을 계속 이어 가야 하는 이유는 다음과 같다.

첫째, 우주 개발은 국가의 과학 기술 발전에 큰 기여를 한다. 우주 개발을 위해서는 우주의 극한 환경을 극복할 수 있는 최첨단 과학 기술이 필요하다. 화재 발생 초기에 열, 연기, 불꽃을 감지하는 기술, 눈동자의 움직임으로 우주선을 제어할 수 있는 눈동자 제어 스위치, 배터리로 작동하는 가벼운 무선 도구, 우주선에 많은 물을 실을 수 없기 때문에 사용한 물을 정수하는 기술 등 우주 생존에 필요한 것들이 과학 기술 발전의 원동력이 된다.

둘째, 우주 개발은 경제적 이익을 가져다준다. 우주 개발에는 막대한 비용이 투자되지만 이를 통해 개발된 첨단 기술은 다양한 분야에서 새로운 기술과 산업을 탄생시킨다. 예를 들어 우주 방사선을 막는 기술은 의료 분야에 적용되어 암 치료 효과를 높이고, 우주 환경에서 사용되는 가벼운 소재는 항공기나 자동

● **근시안적**(近 가까울 근, 視 볼 시, 眼 눈 안, 的 과녁 적) 앞날의 일이나 사물 전체를 보지 못하고 눈앞의 부분적인 현상에만 사로잡히는 것.

● **심혈**(心 마음 심, 血 피 혈) 마음과 힘을 아울러 이르는 말.

차 등에 활용되어 기술 혁신을 가져온다. 이 밖에도 우주 관광이나 우주 자원 개발, 우주 정거장 건설 등 우주 산업의 미래는 **무궁무진하다**. 반도체 기술이 현재 우리나라 경제에 중요한 역할을 하고 있다면, 미래에는 우주 개발 산업이 그 **바통**을 이어받게 될 것이다.

셋째, 우주 개발은 국력 강화에 기여한다. 우주 미사일 방어 체계 기술과 위성을 통한 정보 수집은 오늘날 국가 안보에 중요한 요소이다. 우주 미사일 방어 체계는 지구 궤도에 배치된 위성을 통해 적의 미사일을 탐지하고 **요격하는** 시스템을 말한다. 군사 분야와 위성을 통한 정보 수집에서도 우리나라가 뛰어난 기술력을 확보하게 된다면 이를 통해 다른 나라들과의 협력을 강화하고 세계에 우리나라의 영향력을 높일 수 있는 기회가 될 것이다.

현재 우리나라는 세계적인 우주 경제 강국을 목표로 나아가고 있다. 엄청난 ⓒ**잠재력**을 지니고 있는 우주를 향해 끝없이 도전한다면 언젠가는 목표가 현실이 될 것이다.

- **무궁무진**(無 없을 무, 窮 다할 궁, 無 없을 무, 盡 다할 진)**하다** 끝이 없고 다함이 없다.

- **바통**(프랑스어 bâton) 권한이나 의무, 역할 따위를 주고받음을 비유적으로 이르는 말.

- **요격**(邀 맞이할 요, 擊 부딪칠 격)**하다** 공격해 오는 대상을 기다리고 있다가 도중에서 맞아치다.

- **잠재력**(潛 자맥질할 잠, 在 있을 재, 力 힘 력) 겉으로 드러나지 않고 속에 숨어 있는 힘.

구조읽기 빈칸에 알맞은 낱말을 써넣으며 내용을 정리해 보세요.

정답 및 해설 20쪽

서론	막대한 비용을 써 가며 우주 개발에 투자를 할 필요가 있는지 의문을 제기하는 사람들이 있음.	⬄	세계의 주요 강대국처럼 우리나라도 ❶ [ㅇ][ㅈ]를 향한 도전을 계속 이어 가야 함.

본론	**우주 개발에 도전해야 하는 까닭**		
	우주 개발은 국가의 과학 기술 발전에 큰 기여를 함.	우주 개발은 경제적 이익을 가져다줌.	우주 개발은 ❷ [ㄱ][ㄹ] 강화에 기여함.

결론	우주를 향한 끝없는 ❸ [ㄷ][ㅈ]을 통해 세계적인 우주 경제 강국의 목표를 이뤄야 함.

2회독 빈칸을 채우지 못했다면 다시 꼼꼼히 읽어요!

1 이 글의 내용과 일치하지 <u>않는</u> 것을 두 가지 고르세요. (　　　　)

① 우주 방사선을 막는 기술은 항공기나 자동차 등에 활용될 수 있다.

② 우주에서 생존하기 위해서는 사용한 물을 정수하는 기술이 필요하다.

③ 우리나라는 2027년까지 우주 개발에 대한 예산을 축소해 갈 예정이다.

④ 우리나라는 세계에서 일곱 번째로 인공위성을 자체 기술로 쏘아 올린 나라이다.

⑤ 우주 개발을 위해서는 우주의 극한 환경을 극복할 수 있는 최첨단 과학 기술이 필요하다.

2 이 글에 쓰인 ㉠~㉢의 의미를 <u>잘못</u> 이해한 것에 × 표 하세요.

(1) ㉠'근시안적'은 우주 개발 투자 비용이 우리나라의 경제 규모에 맞지 않다고 지적하는 것에 대해 앞날의 일을 보지 못하고 눈앞의 부분적인 현상만 보는 것을 지적한 말이야. (　　　　)

(2) ㉡'심혈'은 우리나라가 경제 규모에 맞지 않는 천문학적인 투자를 우주 개발에 하고 있음을 드러내는 말이야. (　　　　)

(3) ㉢'잠재력'은 우주는 우리에게 무한한 가능성을 제공해 준다는 것을 표현하기 위해 쓴 말이야. (　　　　)

3 글쓴이가 이 글을 쓴 목적은 무엇인가요? (　　　　)

① 우주 개발 과정을 알려 주기 위해서

② 우주 개발의 역사를 기록하기 위해서

③ 우주 개발이 무엇인지 설명하기 위해서

④ 우리나라가 우주 개발에 참여한 사실을 전달하기 위해서

⑤ 우리나라도 우주 개발에 투자해야 한다는 것을 주장하기 위해서

4 이 글에 나타난 표현의 특징으로 알맞은 무엇인가요? (　　　　)

① '절대로', '결코'와 같이 단정하는 표현을 사용하였다.

② 자신과 다른 주장을 글의 처음과 끝에서 강하게 비판하였다.

③ 자신만의 생각이나 감정에 치우치는 주관적인 표현을 사용하였다.

④ 자신의 견해나 관점을 정확하게 나타낼 수 있는 표현을 사용하였다.

⑤ 낱말이나 문장이 나타내는 의미가 분명하지 않은 모호한 표현을 사용하였다.

5~6 다음 두 신문 기사를 보고, 물음에 답하세요.

(가) 우주 개발의 다양한 분야 중 우주 관광을 예로 들면, 우주를 여행한다니 말은 멋있지만 그 비용을 생각했을 때 극히 일부 부유층만 누릴 수 있는 도전일 것이다. 그럼에도 막대한 예산이 투자된다. 비용적으로 큰 손해인 것이다. 지금은 먼 우주가 아닌 우리 사회가 직면한 문제부터 해결해야 할 때이다.

(나) 한 번의 우주 관광에 약 300톤의 이산화 탄소가 배출되는데 이는 대서양 횡단 비행보다 60배나 많고, 자동차로 지구 한 바퀴를 돌 때 나오는 배출량에 맞먹는다. 따라서 우주 관광은 오존층 파괴와 기후 변화에도 악영향을 미친다.

5 이 두 신문 기사에 나타난 의견을 알맞게 정리한 것을 찾아 각각 연결하세요.

(1) (가) •

(2) (나) •

• ① 우주 개발은 환경을 오염시킨다.

• ② 우주 개발은 비용적으로 큰 손해이다.

6 이 두 신문 기사는 이 글에 나타난 다음 주장 중 어떤 주장을 뒷받침하는 근거 자료로 알맞은지 ○표 하세요.

(1) 우주 개발에 끝없이 도전해야 한다. (   )

(2) 우주 개발에 대한 천문학적인 투자는 옳지 않다. (   )

> 우주 개발에 찬성하는지 반대하는지
> 내 의견을 정하고, 견해나 관점을 정확하게
> 나타낼 수 있는 표현을 사용하여 쓰는 것이 좋아요.

7 우주 개발에 대한 자신의 의견과 의견을 뒷받침하는 까닭을 함께 써 보세요.

나는 우주 개발에 (찬성 , 반대)한다. 왜냐하면

_____

_____

_____

10 문제 해결을 이끄는 **토의**

토의는 공동의 문제를 해결하려고 여러 사람이 의견을 주고받는 협력적인 말하기예요. 따라서 토의하는 글을 읽을 때에는 다른 사람의 의견을 요약하면서 문제를 해결하는 데 도움이 되는 방법을 중심으로 자신의 생각을 정리해요.

╋바람직한 토의 자세

• 서로의 주장과 의견이 다를 때에는 다양한 의견을 모아서 더 나은 해결 방법을 찾아야 함.

• 다른 사람의 의견을 수용하는 태도로 듣고, 바람직한 문제 해결 방안을 찾기 위해 협력하는 자세로 말해야 함.

확인 문제를 풀어 보며 개념을 익혀요.

1~3 다음 토의 주제에 대한 의견으로 알맞은 것을 각각 두 가지씩 찾아 연결하세요.

① 요일별로 운동장 사용 학년을 정하자.

1 학생 수가 많은 학교에서 점심시간에 운동장을 효율적으로 사용하는 방법은?

② 쓰레기 버리지 않기 캠페인 활동을 하자.

③ 학년별로 운동장 구역을 나누어 사용하자.

2 학교를 깨끗하게 만드는 방법은?

④ 학교에 분실물 보관함을 만들어 운영하자.

3 학교에서 잃어버린 물건을 찾아가도록 하는 방법은?

⑤ 매주 월요일 아침에 학생회에서 잃어버린 물건 찾아주기 방송을 하자.

⑥ 대청소의 날을 정해 아침시간이나 점심시간에 전교생이 함께 청소하자.

아름답고 안전한 학교 만들기

1회독

토의 주제에 〰️

토의 주제에 대한 의견에 [ ]

토의에서 결정된 의견에 ○

▲ 어린이 교통 안전시설

사회자: 안녕하세요. 오늘의 토의 주제는 '아름답고 안전한 학교를 만들기 위해 우리가 할 수 있는 일은 무엇인가?'입니다. 우리가 ㉠실천할 수 있는 방안을 중심으로 ㉡의견을 말씀해 주시면 좋겠습니다.

김혜성: 저는 학생들이 학교 뒤뜰 담장에 벽화와 더불어 어린이 교통 안전시설을 직접 그려 볼 것을 제안합니다. 현재 학교 뒤뜰 담장은 시간이 지나면서 페인트칠이 군데군데 벗겨져 보기에 좋지 않고, 바로 앞에 있는 횡단보도에서 크고 작은 교통사고가 자주 발생하기 때문입니다. 담장에 우리들이 직접 그림을 그린다면 그 과정을 통해 교통안전에 대한 **경각심**˙을 일깨우는 기회가 될 것이고, 등하굣길 분위기도 삭막하지 않고 학교가 더 아름다워질 것입니다.

손윤하: 저는 복도와 계단에서 아이들이 우측통행을 할 수 있도록 통행 선을 표시할 것을 제안합니다. 쉬는 시간이나 방과 후에 아이들이 복도와 계단에서 뛰다가 부딪히거나 넘어져 다치는 경우를 볼 수 있습니다. 그래서 복도와 계단 가운데에 색 테이프를 붙여 구분하고, 양쪽에 통행 방향을 표시한다면 학생들의 우측통행을 유도할 수 있다고 생각합니다.

이수진: 저도 동의합니다. 우리가 직접 테이프를 붙이면 더 의미가 있을 것 같습니다. 그리고 또 복도와 계단에서 뛰지 말고 우측통행을 하자는 포스터와 **픽토그램**˙을 만들어 복도와 계단 주변에 붙이면 좋을 것 같습니다.

정민기: 저는 우리 학교의 남는 교실을 학생들의 놀이 공간으로 꾸며 보면 좋을 것 같습니다. 놀이터와 운동장은 학생 수에 비해 좁고, 또 덥거나 추울 때 우리들이 놀 수 있는 공간이 많지 않습니다. 아름답고 안전한 실내 놀이 공간이 생긴다면 참 좋을 것 같습니다.

사회자: 네, 여러 가지 의견 감사합니다. 그럼 여러 의견 중에서 우리가 실천할 수 있는 의견을 ㉢논의해 볼까요? 어떤 의견이 좋을지 이야기해 주시기 바랍니다.

김태빈: 모든 의견이 좋지만, 우리들의 힘으로 실천하기에는 힘든 의견도 있습니다. 저는 우리들이 직접 실천할 수 있는 의견으로 복도와 계단에 통행 선을 표시하고 주변에 포스터와 픽토그램을 만들어 붙이자는 의견이 좋은 방법이라고 생각합니다.

● **경각심**(警 경계할 경, 覺 깨달을 각, 心 마음 심) 정신을 차리고 주의 깊게 살피어 경계하는 마음.

● **픽토그램**(pictogram) 사물이나 시설, 사회적인 행위나 개념을 누구나 쉽게 알아볼 수 있게 단순화하여 나타낸 그림 문자.

예

박유진: 네, 저도 ㉣동의합니다*. 비용이 많이 들고, 우리끼리 결정할 수 없는 것은 나중에 선생님과 **상의해*** 보도록 하고, 이번에는 손윤하, 이수진 학생의 의견을 실천해 보면 좋겠습니다.

사회자: 모두 동의하시나요?

참여자: 네, 동의합니다.

사회자: 아름답고 안전한 학교를 만들기 위해 우리가 할 수 있는 일에 대한 실천 방법으로 복도와 계단에 통행 선을 표시하고 주변에 포스터와 픽토그램을 만들어 붙이기로 의견을 모았습니다. 학생회를 중심으로 잘 실천해 보았으면 좋겠습니다. 각 학급의 대표들답게 ㉮바른 태도로 토의에 참여해 주신 여러분, 고맙습니다. 이상으로 토의를 마치겠습니다.

- **동의**(同 한가지 동, 意 뜻 의)**하다** 남과 의견이 같거나 그 의견에 찬성하다.
- **상의**(相 서로 상, 議 의논할 의)**하다** 어떤 일을 서로 의논하다.

 빈칸에 알맞은 낱말을 써넣으며 내용을 정리해 보세요.

정답 및 해설 22쪽

토의 ❶ ㅈ ㅈ 제시	아름답고 안전한 학교를 만들기 위해 우리가 할 수 있는 일은 무엇인가?

⬇

❷ ㅇ ㄱ 나누기	• 학교 뒤뜰 담장에 벽화와 어린이 교통 안전시설을 직접 그리자. • 복도와 계단에서 우측통행을 할 수 있도록 통행 선을 표시하고, 포스터와 픽토그램을 만들어 붙이자. • 학교의 남는 교실을 학생들의 놀이 공간으로 꾸며 보자.

⬇

의견 결정하기	우리가 ❸ ㅅ ㅊ 할 수 있는 의견으로, 복도와 계단에 통행 선을 표시하고 주변에 포스터와 픽토그램을 만들어 붙이기로 결정함.

⬇

토의 요약과 마무리	토의 주제에 대해 결정한 의견을 잘 실천해 보았으면 좋겠음.

2 회독 빈칸을 채우지 못했다면 다시 꼼꼼히 읽어요!

1 이 글을 통해 알 수 있는 내용으로 알맞지 <u>않은</u> 것은 무엇인가요? (   )

① 토의에는 각 학급의 대표들이 참여하였다.

② 학교 내 놀이터와 운동장은 학생 수에 비해 좁다.

③ 학교 뒤뜰 담장에 페인트칠을 한 지 얼마 되지 않았다.

④ 아름답고 안전한 학교를 만들기 위한 방법에 대해 토의하였다.

⑤ 복도와 계단에서 뛰다가 부딪히거나 넘어져 다치는 학생들이 있다.

2 ㉠~㉣의 뜻으로 알맞은 것을 **보기**에서 찾아 번호를 쓰세요.

| 보기 |

① 어떤 문제에 대하여 서로 의견을 내어 토의함.

② 남과 의견이 같거나, 그 의견에 찬성함.

③ 어떤 대상에 대하여 가지는 생각.

④ 생각한 바를 실제로 행함.

(1) ㉠'실천' ➡ (   )　　　(2) ㉡'의견' ➡ (   )

(3) ㉢'논의' ➡ (   )　　　(4) ㉣'동의' ➡ (   )

3 이 글과 같은 공동의 문제를 해결하기 위한 토의 주제로 알맞은 것에 ○표 하세요.

(1) 우리 학교에서 가장 축구를 잘하는 반은 어디인가? (   )

(2) 학교 축제 때 우리 반은 어떤 주제로 참가할 것인가? (   )

(3) 등교 때 스마트폰을 걷고 하교 때 돌려주는 것은 바람직한가?

(   )

4 다음 중 밑줄 친 ㉤의 모습과 거리가 <u>먼</u> 것은 무엇인가요? (   )

① 자신과 다른 의견도 존중한다.

② 토의 주제와 관련된 의견을 말한다.

③ 다른 사람의 의견을 끝까지 듣는다.

④ 내 의견이 받아들여질 때까지 설득한다.

⑤ 더 나은 해결 방법을 찾기 위해 협력한다.

5 이 토의 내용에 대한 평가로 알맞지 <u>않은</u> 것은 무엇인가요? (   )

① 사회자는 우리가 실천할 수 있는 방안을 중심으로 말하도록 안내하였다.

② 토의 참가자들은 자신의 의견을 그렇게 생각하는 까닭과 함께 말하였다.

③ 토의 참가자들이 모든 의견에 찬성하여 결과를 이끌어 내지 못하였다.

④ 어떤 의견이 더 좋은지 토의 참가자들끼리 서로 의견을 나누었다.

⑤ 사회자가 토의 결과를 실천할 것을 당부하며 토의를 마무리하였다.

6 다음 두 사진을 보고 토의 주제를 알맞게 말한 친구의 이름에 ○표 하세요.

두 사진은 학교 폭력을 줄이기 위해 지역 사회에서 할 수 있는 일을 찾아 실천한 것으로 '학교 폭력을 줄이기 위한 방법'이라는 토의를 통해 나온 의견이야.

승민

둘 다 어린이들이 안전한 곳에서 횡단보도 신호를 기다릴 수 있도록 만든 교통 안전시설로 '어린이 교통사고 예방을 위한 방법'이라는 토의에서 나온 실천 방안이야.

지안

'아름답고 안전한 학교를 만들기 위해 ~ 제안합니다. 그 까닭은 ~ 때문입니다.' 형식으로 쓸 수 있어요.

7 '아름답고 안전한 학교를 만들기 위해 우리가 할 수 있는 일은 무엇인가?'라는 토의 주제에 대한 자신의 의견과 의견을 뒷받침하는 까닭을 함께 써 보세요.

_____

_____

_____

3+

주차 에서 우리는

시에 반영된 **사회·문화적 상황**

어린 할머니

연지 곤지 찍은
어린 할머니
1연

그때는
연두색 길에
자주색 깃
색동 소매를 단
고운 원삼만으로도
설레었지.
2연

흑백 사진 속에는
평생 한 번 입어 본 고운 원삼*이
어린 할머니와 함께 살아 있어요.
3연

● **원삼** 신부나 궁중에서 입던 예복.

한 사회에서 같은 문화를 누리며 살고 있는 사람들을 둘러싼 사회 제도나 질서, 공동체의 가치나 신념 등을 사회·문화적 상황이라고 해요. 시에 반영된 사회·문화적 상황을 파악하며 감상하면 시의 내용과 의미를 더 잘 이해할 수 있어요.

✦시에 반영된 사회·문화적 상황

• 시에는 특정 시대나 장소의 사회·문화적 상황이 반영되어 있음.

• 현실 세계와 시에 담긴 사회·문화적 상황을 비교해 보면서 글쓴이의 관점을 파악해 봄.

• 글쓴이의 관점에 따라 사회·문화적 현상의 원인이나 성격 등이 다르게 제시될 수 있음.

확인 문제를 풀어 보며 개념을 익혀요.

1~3 다음 중 알맞은 내용에는 ○표, 알맞지 않은 내용에는 ×표 하세요.

1 한 사회에서 같은 문화를 누리며 살고 있는 사람들을 둘러싼 사회 제도나 질서, 공동체의 가치나 신념 등을 사회·문화적 상황이라고 한다. (   )

2 시에는 글쓴이가 살아가는 특정한 시대나 장소의 사회·문화적 상황이 반영되어 있다. (   )

3 사회·문화적 상황에 대한 글쓴이의 관점은 시에 드러나지 않기 때문에 읽는 이가 파악하기 어렵다. (   )

4 다음은 왼쪽 그림에 실린 시의 일부입니다. (1)~(3) 중에서 이 시에 드러난 사회·문화적 상황으로 알맞은 것을 두 가지 찾아 ○표 하세요.

> 1연   연지 곤지 찍은
>   어린 할머니
>
> 3연   흑백 사진 속에는
>   평생 한 번 입어 본 고운
>   원삼이
>   어린 할머니와 함께 살아
>   있어요.

(1) 당시에는 사진이 흑백이었음.
　　　　　　　　　　(   )

(2) 당시에는 어린 나이에 결혼을 하였음.
　　　　　　　　　　(   )

(3) 당시에는 원삼을 일상복처럼 흔하게 입을 수 있었음. (   )

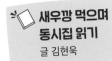

새우깡 먹으며
동시집 읽기
글 김현욱

1회독

◉ 운율이 느껴지
는 부분에 ◯

◉ 중심 글감에
〰

◉ 사회·문화적
상황이 나타난 부분에
〔 〕

● **망월지** 전국 최대 두꺼비 산란
지. 대구광역시 욱수동 소재.

● **욱수골** 욱수동에 있는 골짜기.
두꺼비가 살기에 적합한 환경
을 갖춘 두꺼비 서식지.

● **울음주머니** 주머니처럼 생긴,
소리를 내는 기관. 개구리나 맹
꽁이의 수컷의 귀 뒤나 목뒤에
있다.

울음주머니

망월지˚에서 태어난
새끼 두꺼비들이
목숨을 걸고
욱수골˚로 간다.

치이고
깔리고
지치고
먹혀도

기어이
간다.
가고 만다.

살아남은
두꺼비는 울지 않는다.

두꺼비는
울음주머니˚가 없다.

참고 자료

망월지는 도심 속 두꺼비 산란지여서 세계적 희귀 생태 자원으로 꼽힌다. 망월지 인근 욱수산에서 겨울잠을 잔 두꺼비는 보통 2~3월쯤 산에서 내려와 망월지로 향한다. 암컷 한 마리당 평균 1만여 개의 알을 망월지에 낳고 욱수산으로 돌아간다.

알을 깨고 나온 새끼 두꺼비들은 몸길이가 약 2~3cm로 자란 뒤 5월 중순쯤부터 수만 마리씩 떼를 지어 욱수골로 이동한다. 이 과정에서 매년 많은 두꺼비가 생명을 잃었다.

이에 지방 자치 단체에서는 망월지를 생태 공원으로 지정하고, 두꺼비의 이동 경로에 안전 울타리를 설치하는 등 망월지 두꺼비의 보호를 위해 노력하고 있다.

▲ 망월지에서 욱수골로 이동하는 새끼 두꺼비

 빈칸에 알맞은 낱말을 써넣으며 내용을 정리해 보세요.

정답 및 해설 24쪽

	시의 내용	사회·문화적 상황
1~3연	망월지에서 욱수골로 가려면 새끼 두꺼비들은 ① ㅁ ㅅ 을 걸어야 함. ↓ 어떤 어려움이 있어도 기어이 가고야 맘.	사람으로 인해 생긴 생태계 및 환경 파괴
4~5연	망월지에서 욱수골로 가는 동안 많은 친구와 가족을 잃었지만 살아남은 두꺼비는 울지 않음. ↓ ② ㅇ ㅇ ㅈ ㅁ ㄴ 가 없는 두꺼비는 묵묵히 견디며 또 살아감.	어려운 환경을 견디며 살아가는 ③ ㄷ ㄲ ㅂ

2 회독 빈칸을 채우지 못했다면 다시 꼼꼼히 읽어요!

1 이 시를 읽고 짐작한 내용으로 알맞은 것에 ○표 하세요.

(1) 두꺼비는 태어난 곳과 사는 곳이 다르다. (   )

(2) 두꺼비는 울음주머니가 있지만 울지 않는다. (   )

(3) 두꺼비들의 이동을 사람들이 막아 보았지만 소용이 없다. (   )

2 이 시의 2연에 나타난 표현의 특징으로 알맞은 것을 두 가지 고르세요.

(   )

① 명령하는 말투를 사용하여 글쓴이의 생각을 강요하였다.

② 비유적 표현을 사용하여 상황을 구체적으로 드러내었다.

③ 대화하는 방식을 활용하여 글쓴이의 속마음을 드러내었다.

④ 각 행의 글자 수를 같게 하여 상황을 리듬감 있게 표현하였다.

⑤ 비슷한 형태의 글자로 각 행을 끝맺어 운율이 느껴지도록 하였다.

3 이 시에 나타난 사회·문화적 상황으로 알맞은 것은 무엇인가요? (   )

① 두꺼비가 시끄럽게 우는 상황

② 두꺼비의 이동 시기가 점차 빨라지는 상황

③ 살아남는 두꺼비의 수가 점점 많아지는 상황

④ 두꺼비가 알을 낳는 장소가 자주 바뀌는 상황

⑤ 사람으로 인해 생태계 및 환경이 파괴되는 상황

4 위 3에서 답한 사회·문화적 상황에 처한 두꺼비에 대해 말하는 이는 어떤 마음을 가지고 있는지 알맞게 파악하여 말한 친구의 이름에 ○표 하세요.

목숨을 걸어야 할 정도로 어려운 환경에서도 꼭 이동을 하려는 두꺼비들이 어리석다고 생각하는 것 같아.

준우

어려운 환경에서도 묵묵히 견디며 살아남은 두꺼비들이 강인하다고 생각하는 것 같아.

예슬

5 보기와 이 시를 읽고 알게 된 것을 알맞게 말한 것에 ○표 하세요.

┤ 보기 ├

○○시에서는 매년 봄마다 발생하는 호수 주변 두꺼비 **로드킬**˙을 예방하기 위해 유도 울타리와 생태 통로를 설치했다. 이에 따라 산란을 위해 이동하는 두꺼비들이 안전하게 도로를 건널 수 있게 됐다.

˙ **로드킬**(road kill) 야생 동물이 도로에서 자동차 등에 치여 목숨을 잃는 일.

(1) 사람들은 생태계나 환경을 파괴하기만 하고 동물들과 함께 살아가기 위한 어떠한 노력도 하고 있지 않다는 것이 문제야. (   )

(2) 오래전부터 두꺼비가 이동하는 길이 정해져 있었는데 그곳에 도로가 생기면서 두꺼비들이 목숨을 걸어야 하는 상황이 발생한 거야. (   )

6 다음은 이 시를 읽고 두꺼비의 생태에 대해 찾아본 것입니다. 빈칸에 알맞은 말을 글에서 찾아 쓰세요.

두꺼비가 주로 사는 곳은 숲이다. 숲에서 주로 생활하다가 알을 낳을 때가 되면 물이 충분히 있고, 온도와 습도가 알과 올챙이의 생존에 유리한 조건을 가진 곳을 찾아 알을 낳는다. 그래서 어려움이 있더라도 그런 장소를 찾아 알을 낳고 살던 곳으로 돌아오는 일을 반복한다.

• 두꺼비가 (   )을 감수하면서 사는 곳과 알을 낳는 곳을 이동하는 까닭을 찾아보았다.

어려움을 이겨 내고 살아남은 새끼 두꺼비들을 격려하는 말, 위로하는 말 또는 생태계 및 환경을 보호하겠다는 다짐 등을 쓸 수 있어요.

7 이 시에 나오는 새끼 두꺼비에게 전하고 싶은 마음을 담아 편지를 써 보세요.

12 매체에 담긴 관점

매체는 다수의 사람에게 뉴스나 정보를 전달하는 수단으로, 대중 매체와 뉴 미디어로 나눌 수 있어요. 두 매체는 관점이 달라서 어떤 매체를 통해 제공된 정보인지 주의하며 읽어야 해요.

+ **대중 매체** • 신문, 라디오, 텔레비전 등과 같은 대중 매체는 다수의 사람에게 새로운 뉴스나 대량의 정보를 전달함.
  • 사회적으로 중요하거나 대중이 관심을 가질 만한 내용을 보편적인 관점에서 다룸.

+ **뉴 미디어** • 개인 인터넷 방송 등과 같이 개인이 직접 제작하여 인터넷상에 올린 콘텐츠로 상호 소통할 수 있는 쌍방향 매체임.
  • 개인이 자신의 관심사나 취향을 다양한 관점에서 자유롭게 표현함.

확인 문제를 풀어 보며 개념을 익혀요.

1 다음 중 대중 매체에는 ○표, 뉴 미디어에는 △표 하세요.

(1) 신문 (   )

(2) 텔레비전 (   )

(3) 개인 인터넷 방송 (   )

(4) 사회관계망 서비스[SNS] (   )

2~5 다음은 어떤 매체에 해당하는 설명인지 알맞은 것을 찾아 연결하세요.

2 개인이 쇼핑, 음식, 여행 등 자신의 관심사나 취향을 자유롭게 표현하고 다른 사람들과 공유하는 새로운 수단이다.

• ① 대중 매체

3 사회적으로 중요하거나 대중이 관심을 가질 만한 내용을 보편적인 관점에서 다룬다.

4 대중에게 일방적으로 내용을 전달하여 대중은 정보를 수동적으로 받아들일 수밖에 없다.

• ② 뉴 미디어

5 전문적인 지식이나 전문 장비가 부족해도 누구나 제작할 수 있다.

대중 매체와 뉴 미디어

1회독

중심 글감에 ○

글쓴이가 하고
자 하는 말에 〜〜

대중 매체와
뉴 미디어의 특징이
나타난 문장에 [　　]

1 대중 매체는 신문, 잡지, 영화, 텔레비전과 같이 많은 사람에게 대량의 정보를 전달하는 수단이다. 과거에는 주로 대중 매체를 통해 새로운 소식을 접하고 사회를 이해했다. 하지만 최근에는 정보 통신 기술의 발달로 개인 인터넷 방송, 사회관계망 서비스[SNS] 등 인터넷을 중심으로 하는 뉴 미디어가 우리의 일상에 자리 잡았다.

2 대중 매체와 뉴 미디어는 하나의 사실을 바라보는 관점이 서로 다르다. 대중 매체는 **보편적**인 사실 위주로 소식을 전하는 반면, 뉴 미디어는 주로 사람들이 흥미로워할 내용이나 **현장감** 위주로 소식을 전한다. 이러한 차이는 사회적 논점을 대하는 방식을 통해서도 살펴볼 수 있다.

🐾 대중 매체와 뉴 미디어에 담긴 관점의 차이

3 다음은 최근 물가 인상을 다룬 한 신문의 보도 내용이다.

> 최근 커피, 초콜릿 등 식료품 가격이 인상된 데 이어 건전지, 면도기 등 생필품도 가격 인상이 예고되면서 가계 부담을 더하고 있다. 통계청 생활 물가 지수에 따르면 지난달 주요 생필품 가격은 2년 전과 비교해 10퍼센트 이상 상승했다. 경제 전문가들은 당분간 이러한 물가 상승 **추세**가 지속될 것이라고 전망했다.

이처럼 대중 매체는 통계 자료나 전문가의 의견을 활용하여 현재 일어나고 있는 상황을 객관적으로 전달한다.

4 반면 개인 인터넷 방송이나 SNS에서 물가 관련 내용을 검색하면 '마트에서 만 원으로 장 보기', '몸소 느낀 서울 물가 체험'처럼 자신의 생활 모습을 공유하는 콘텐츠가 주를 이룬다. 이처럼 뉴 미디어는 개인이 누구나 정보의 생산자가 될 수 있기 때문에 보다 생생하게 현장을 기반으로 콘텐츠를 제작하고 소통하는 모습을 볼 수 있다.

5 또 최근 증가하고 있는 해외 여행에 대한 정보에서도 그 차이를 느낄 수 있다. 대중 매체의 보도 자료는 다음과 같다.

마트에서 만 원으로 장보기

● **보편적**(普 널리 보, 遍 두루 편, 的 과녁 적) 두루 널리 퍼져 있고 모든 것에 공통되는.

● **현장감**(現 나타날 현, 場 마당 장, 感 느낄 감) 어떤 일이 이루어지고 있는 현장에서 느낄 수 있는 느낌.

● **추세**(趨 달릴 추, 勢 기세 세) 어떤 현상이 일정한 방향으로 나아가는 경향.

한국 관광 공사에 따르면 2023년 해외로 여행을 떠난 국민은 전년 대비 246.6퍼센트 증가한 약 2,271만 명이다. 전 세계적으로 전염병이 유행한 당시 100만 명까지 떨어졌던 해외 여행객 수가 급격하게 늘어난 것이다.

이와 같이 대중 매체는 **공신력**° 있는 자료를 근거로 해외 여행이 증가하는 현상을 설명하고 있다.

6 하지만 뉴 미디어에서 볼 수 있는 여행 콘텐츠들은 자신이 겪은 일이 중심이 된다. 대중 매체에서 다 담지 못하는 세계 각국의 세세한 현장 모습을 실감 나게 전달하고, 자신만의 여행 비법을 알려 준다. 일부에서는 '**우범 지대**° 여행기'처럼 자극적인 영상으로 사람들의 흥미를 끌려고 하여 문제가 되기도 한다.

7 이처럼 대중 매체와 뉴 미디어에 담긴 관점이 다르기 때문에 그것을 대하는 태도도 달라야 한다. 물론 두 매체 모두 정보를 비판적으로 수용하고 해석해야 하지만, 뉴 미디어에서 제공되는 정보는 좀 더 **경각심**°을 가지고 살펴보아야 한다. 또한 뉴 미디어는 필요한 정보를 ⊙ 으로 찾으며 소통하는 공간이기 때문에 사람들 사이에 예절을 지키며 정보를 탐색하는 자세가 필요하다.

- **공신력**(公 공평할 공, 信 믿을 신, 力 힘 력) 사회적으로 믿을 수 있다고 인정받을 수 있는 자격.
- **우범 지대**(虞 생각할 우, 犯 범할 범, 地 땅 지, 帶 띠 대) 범죄가 일어날 가능성이 높은 지역.
- **경각심**(警 경계할 경, 覺 깨달을 각, 心 마음 심) 정신을 차리고 주의 깊게 살피어 경계하는 마음.

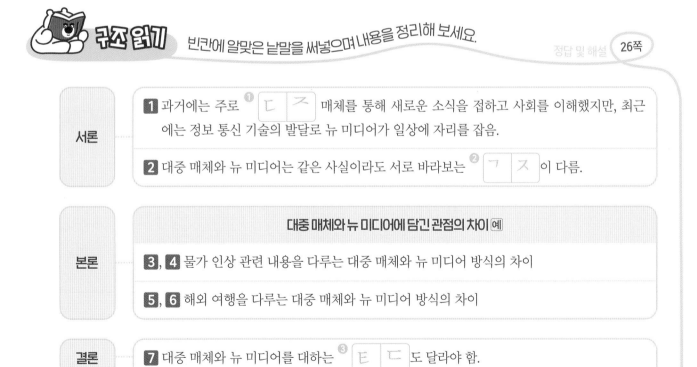

구조읽기 빈칸에 알맞은 낱말을 써넣으며 내용을 정리해 보세요.

정답 및 해설 **26쪽**

서론	**1** 과거에는 주로 ^① ㄷ ㅈ 매체를 통해 새로운 소식을 접하고 사회를 이해했지만, 최근에는 정보 통신 기술의 발달로 뉴 미디어가 일상에 자리를 잡음.
	2 대중 매체와 뉴 미디어는 같은 사실이라도 서로 바라보는 ^② ㄱ ㅈ 이 다름.

본론	**대중 매체와 뉴 미디어에 담긴 관점의 차이** 예
	3, **4** 물가 인상 관련 내용을 다루는 대중 매체와 뉴 미디어 방식의 차이
	5, **6** 해외 여행을 다루는 대중 매체와 뉴 미디어 방식의 차이

결론	**7** 대중 매체와 뉴 미디어를 대하는 ^③ ㅌ ㄷ 도 달라야 함.

2회독 빈칸을 채우지 못했다면 다시 **꼼꼼히** 읽어요!

1 이 글을 통해 글쓴이가 하고자 하는 말로 알맞은 것은 무엇인가요?

(   )

① 뉴 미디어에서 제공되는 정보는 비판적으로 수용해야 한다.
② 대중 매체는 통계 자료를 활용하여 상황을 객관적으로 전달한다.
③ 대중 매체와 뉴 미디어의 관점 차이를 알고 정보를 수용해야 한다.
④ 과거에는 주로 대중 매체를 통해 새로운 소식을 접하고 사회를 이해했다.
⑤ 뉴 미디어의 여행 콘텐츠들은 세계 각국의 현장 모습을 실감 나게 전달한다.

2 이 글의 내용과 일치하지 <u>않는</u> 것은 무엇인가요? (   )

① 신문, 잡지, 영화, 텔레비전은 대중 매체이다.
② 뉴 미디어는 누구나 정보의 생산자가 될 수 있다.
③ 뉴 미디어는 주로 보편적인 사실 위주로 소식을 전한다.
④ 뉴 미디어에서는 예절을 지키며 정보를 탐색하는 자세가 필요하다.
⑤ 대중 매체는 통계 자료나 전문가의 의견을 활용하여 정보를 전달한다.

3 이 글의 ㉠에 들어갈 낱말로 알맞은 것은 무엇인가요? (   )

① 능동적   ② 보편적   ③ 소극적
④ 수동적   ⑤ 이기적

4 다음 '보이스 피싱'에 대해 다룬 내용의 제목을 보고, 각각 어떤 매체에 어울리는
내용인지 찾아 연결하세요.

(1)
• "지난해 보이스 피싱 피해 35퍼센트 급증, 피해액 1,965억 원"
• "증가하는 보이스 피싱
 —정부·금융권, 피해 예방에 총력"

• ① 대중 매체

(2)
• "실감 나는 보이스 피싱 체험,
 누구나 당할 수 있다"
• "보이스 피싱범을 당황하게 만든
 이야기"

• ② 뉴 미디어

5 이 글에서 다음 내용과 관련된 매체의 문제점이 나타난 문단의 번호를 쓰세요.

> ### 사용자 1위의 영광 뒤 자극적 콘텐츠 논란
>
> ○○앱은 국내 사용자가 늘면서 1위가 되었지만, 그에 따른 문제들도 도마 위에 올랐다. 짧은 영상을 내세워 많은 구독자를 끌어들이면서 마치 사실인 것처럼 퍼뜨리는 가짜 뉴스와 사람들의 관심을 끌기 위한 폭력적이고 자극적인 소재의 콘텐츠가 범람하면서 문제가 된 것이다.

(   )

6 다음 자료를 통해 짐작할 수 있는 내용은 무엇인가요? (   )

구분	텔레비전 방송	인터넷 개인 방송
공적 책임	있음.	없음.
편성·채널 구성	규제	규제 없음.
방송 보존	의무	의무 없음.
사전 심의	의무	의무 없음.

◀ 방송 규제 비교

① 인터넷 개인 방송의 영향력이 커지고 있다.
② 텔레비전 방송의 내용은 모두 믿을 수 있다.
③ 텔레비전 방송이 자극적인 내용을 다루기 좋다.
④ 인터넷 개인 방송을 보는 사람이 줄어들 것이다.
⑤ 인터넷 개인 방송의 내용은 좀 더 경각심을 가지고 보아야 한다.

> 평소에 뉴 미디어를 얼마나 접하고 있는지,
> 정보를 어떻게 받아들이고 있는지 떠올려 보고,
> 내 경험을 바탕으로 정리해도 좋아요.

7 뉴 미디어로 정보를 얻을 때의 장점과 단점을 써 보세요.

_____

_____

_____

13 줄임말과 새말

온라인 대화를 주고받는 일이 많아지면서 자신이 하고 싶은 말을 짧은 시간에 많이 전달하려다 보니 최대한 말을 줄여 간단히 나타내는 줄임말과 새말이 생겨나고 있어요. 이런 말들이 우리말의 맞춤법을 파괴하고 의사소통을 방해하면서 우리 언어생활에 부정적인 영향을 끼칠 수 있다는 것을 기억하세요.

↳**줄임말** 낱말의 일부분을 줄여 만든 말로, 우리말 뜻을 쉽게 이해할 수 없게 줄여 쓴 말.

↳**새말(신조어)** 새로 생긴 말이나 새로 들어온 외래어를 가리키는 것으로, 새로 생겨난 물건이나 개념을 표현하기 위해 만들어진 말.

1~2 **다음에서 설명하고 있는 것은 무엇인지 알맞게 연결하세요.**

1
낱말의 일부분을 줄여 만든 말로, 우리 말 뜻을 쉽게 이해할 수 없게 줄여 쓴 말. •

• ① 새말

2
새로 생긴 말이나 새로 들어온 외래어를 가리키는 것으로, 새로 생겨난 물건이나 개념을 표현하기 위해 만들어진 말. •

• ② 줄임말

3~6 **다음 줄임말과 새말에 대한 설명으로 알맞은 것에 ○표, 알맞지 않은 것에 ×표 하세요.**

3
'스터디 카페'는 새말이고, '스카'는 줄임말이다. (   )

4
줄임말이나 새말을 모를 경우 의사소통이 되지 않고 소외감을 느낄 수 있다.
(   )

5
'무엇을'을 '뭘'이라고 하거나, '되어'를 '돼'라고 하는 것도 줄임말에 해당한다.
(   )

6
줄임말과 새말이 많아질수록 우리말이 풍부해지고 그 우수성을 인정받게 된다.
(   )

줄임말과 새말, 이대로 괜찮을까

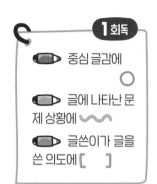

1회독

- 중심 글감에 ◯
- 글에 나타난 문제 상황에 〰️
- 글쓴이가 글을 쓴 의도에 [　]

가 아침에 조금 늦게 일어난 아름이는 재빨리 준비를 마치고 부엌으로 가 식탁에 앉았다. 어머니는 고기를 굽고 계셨다. 평소라면 맛있게 먹었겠지만 내일이 걱정되는 아름이는 잘 먹지 못했다.

"엄마, 저 내일 졸사예요. 지난주에 말씀드렸잖아요. 졸업 사진 찍는다고."

어머니는 ㉠가슴을 쓸어내리며 말씀하셨다.

"갑자기 죽는 게 졸사야, 갑자기 졸에 죽을 사. 깜짝 놀랐잖니!"

고개를 절레절레 저으며 고기를 한 점 집던 아름이가 말했다.

"그래서 내일은 꾸안꾸로 자연스럽게 가려는데, 괜찮을지 걱정이에요."

고기를 한 접시 가져오시던 어머니는 빙그레 웃으셨다.

"내일 고기는 네가 꿉(굽)겠다고? 이렇게 늦게 일어나서 시간이 되려나."

꾸민 듯 안 꾸민 듯 한 느낌으로 졸업 사진을 찍겠다는 의미인데, 아름이는 자기 말을 이해하지 못하시는 어머니가 답답하여 그냥 고기만 계속 입에 넣었다.

나 인터넷에 글이 하나 올라왔다. 한 누리꾼의 사연이었는데, 이 글이 새말로 인한 의사소통의 어려움과 관련하여 큰 **화제**˚가 되었다. 피자 가게를 운영하는 사연 속 아버지는 어느 날 가게 후기를 확인하다가 깜짝 놀랐다. '존맛탱ㅠㅠ'이라는 댓글들을 보았기 때문이다. 얼마나 맛이 없었길래 우는 그림말까지 사용하여 댓글을 남긴 것일까 생각하며 아버지는 **망연자실하였고**˚ 그 모습을 본 어머니가 딸에게 '존맛탱ㅠㅠ'이 무슨 뜻인지 묻게 된 것이다. 딸은 그 말이 요즘 사람들이 '너무 맛있다'라는 뜻으로 쓰는 말이라고 답했고 그제야 두 분은 ㉡안심했다고 한다. 맛있다고 칭찬하는 말을 맛이 없다는 악플로 이해한 웃지 못할 사연이었다.

다 세종 대왕이 1443년 **창제한**˚ 한글은 과학적이고 실용적이어서 전 세계적으로 그 우수성을 인정받았다. 하지만 요즘 청소년과 젊은 층에서 줄임말과 새말을 과도하게 사용하여 의사소통에 문제가 생기거나 우리말이 파괴되는 경우가 많아지고 있다. 인터넷과 사회관계망 서비스[SNS]의 발달로 빠른 소통이 강조되면서 줄임말과 새말은 꾸준히 생겨나고 있다. 그 수가 얼마나 많은지 '별다줄(별걸 다 줄인다)'이라는 말까지 생겼다.

- **화제**(話 말할 화, 題 제목 제) 이야기할 만한 재료나 소재.

- **망연자실**(茫 아득할 망, 然 그러할 연, 自 스스로 자, 失 잃을 실)**하다** 멍하니 정신을 잃다.

- **창제**(創 비롯할 창, 製 지을 제)**하다** 전에 없던 것을 처음으로 만들거나 제정하다.

청소년을 대상으로 올바른 한글 사용에 대한 설문 조사를 실시하였을 때 전체 응답자의 72퍼센트가 '맞춤법을 신경 쓰지만 습관적으로 줄임말과 새말을 사용한다.'라고 답하였다. 실제로 학교 선생님들은 학생들이 줄임말, 새말과 표준어를 구별하지 못하여 공적인 상황에서도 이를 무분별하

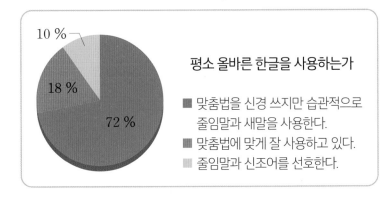

평소 올바른 한글을 사용하는가

■ 맞춤법을 신경 쓰지만 습관적으로 줄임말과 새말을 사용한다.
■ 맞춤법에 맞게 잘 사용하고 있다.
□ 줄임말과 신조어를 선호한다.

게 쓰는 경우가 많다고 지적하였다. 줄임말과 새말을 사용하는 까닭으로는 많은 응답자가 '짧게 말하고 쓰는 것이 편하기 때문'이라고 답했다. 반면 청소년의 67퍼센트가 줄임말과 새말을 사용하며 불편함을 느꼈다고 하였고, 그중 '저속한˚ 표현이나 막말이 유행일 때는 듣기가 힘들다'라는 응답이 43퍼센트에 달하였다.

최근 방송 통신 심의 위원회는 방송에서 줄임말이나 새말을 과도하게 사용하여 우리말이 훼손되고 있다며 이를 감독하겠다고 밝혔다. 청소년들이 방송에 나오는 줄임말과 새말을 그대로 받아들여 사용하는 문제를 해결하겠다고 **팔을 걷어붙인˚** 것이다. 청소년 스스로도 문제의식을 가지고 자신의 언어 습관을 돌아볼 필요가 있다.

● **저속**(低 낮을 저, 俗 풍속 속)**하다** 품위가 낮고 속되다.
● **팔을 걷어붙이다** 어떤 일에 뛰어들어 적극적으로 일할 태세를 갖추다.

 **구조읽기** 빈칸에 알맞은 낱말을 써넣으며 내용을 정리해 보세요.

정답 및 해설 28쪽

| 가, 나 | ❶ ㅈ ㅇ ㅁ 과 ❷ ㅅ ㅁ 을 사용하면서 의사소통에 어려움이 생긴 사례 |

| 다 | • 줄임말과 새말을 과도하게 사용하여 의사소통에 문제가 생기거나 우리말이 파괴되는 경우가 많아지고 있음.
• 올바른 한글 사용에 대한 청소년 대상 설문 조사 결과
　- 많은 학생들이 습관적으로 줄임말과 새말을 사용함.
　- 청소년의 67퍼센트가 줄임말과 새말을 사용하며 불편함을 느낌.
• 방송 통신 심의 위원회는 ❸ ㅂ ㅅ 에서 줄임말이나 새말의 과도한 사용을 감독하겠다고 밝혔고, 청소년 스스로도 자신의 언어 습관을 돌아볼 필요가 있음. |

2 회독 빈칸을 채우지 못했다면 다시 꼼꼼히 읽어요!

1 이 글의 중심 글감으로 알맞은 것은 무엇인가요?   (   )

① 한글의 우수성
② 인터넷 발달의 문제점
③ 악성 댓글로 인한 상처
④ 줄임말과 새말 사용의 문제점
⑤ 청소년의 언어 학습 능력 저하

2 ㉠, ㉡과 뜻이 통하는 표현으로 알맞은 것은 무엇인가요?   (   )

① 마음에 없다.   ② 마음을 열다.
③ 마음에 차다.   ④ 마음을 놓다.
⑤ 마음을 주다.

3 이 글을 읽고 답할 수 있는 질문에는 ○표, 답할 수 없는 질문에는 ×표 하세요.

(1) 청소년이 가장 많이 사용하는 줄임말은 무엇인가?   (   )
(2) 줄임말과 새말이 꾸준히 생겨나는 까닭은 무엇인가?   (   )
(3) 청소년이 줄임말과 새말을 사용하는 까닭은 무엇인가?   (   )

4 줄임말과 새말의 과도한 사용으로 인한 문제 상황을 두 가지 고르세요.

(   )

① 자신의 감정을 잘 표현하지 못하고 참게 된다.
② 줄임말, 새말과 표준어를 구별하지 못하게 된다.
③ 청소년들이 스스로 문제의식을 가지면서 소통을 꺼리게 된다.
④ 줄임말과 새말이 재미 위주로 사용되면서 재미없는 말들은 사라진다.
⑤ 줄임말과 새말을 잘 모르는 사람과 대화가 원활하게 이루어지지 않는다.

5 글 **가**와 **나**에 나타난 상황은 다음 중 언어의 어떤 특성이 지켜지지 않아 발생한 것인가요? (   )

① 언어의 자의성: 언어의 문자와 뜻은 우연히 맺어진 것이다.

② 언어의 창조성: 언어로 무한히 많은 말을 만들어 표현할 수 있다.

③ 언어의 사회성: 언어는 그 언어를 사용하는 사람들 사이의 약속이다.

④ 언어의 기호성: 언어는 일정한 내용을 일정한 형식(기호)으로 나타낸다.

⑤ 언어의 역사성: 언어는 새롭게 만들어지기도 하고 변화하기도 하며 사라지기도 한다.

6 글 **나**와 다음 글에 나타난 글쓴이의 의도를 알맞게 파악하여 말한 친구의 이름에 ○표 하세요.

> 요즘 젊은 세대들은 줄임말과 새말에 익숙하다. 직관적으로 알 수 있는 줄임말이나 새말과 달리 낱말의 속뜻을 이해해야 하는 낱말을 어려워한다. 이러한 현상 때문에 최근 청소년의 어휘력이 떨어진다는 연구 결과가 나왔다. 문맥을 파악하여 이해하기보다 직관적 표현에 익숙해지면서 글을 읽고 이해하는 능력인 문해력도 따라서 낮아지고 있는 것으로 밝혀졌다.

줄임말과 새말이 지나치게 많이 생겨나면서 우리말이 훼손되고 있어. 줄임말과 새말에 익숙해지지 말고 낱말의 속뜻을 이해하고 문맥에 맞게 사용하여 소중한 우리말을 지켜 나가야겠어.

서연

줄임말이나 새말도 익히지 않으면 뜻을 알 수 없는 경우가 많아. 뜻을 모르더라도 어떤 상황에서 사용되는지 문맥을 파악하여 이해하면 어휘력에 도움이 될 것 같아.

한들

> 집에서나 학교에서의 언어생활을 떠올려 보고, 반성할 점이나 칭찬할 점을 정리해 보아요.

7 자신의 언어 습관을 돌아보고, 올바른 우리말을 사용하기 위한 다짐을 써 보세요.

14 이야기의 서술자

이야기 속 사건을 펼쳐서 전달해 주는, 글쓴이가 만들어 낸 허구적 인물을 서술자라고 해요. 그리고 서술자가 사건을 바라보는 위치가 '시점'이에요. 시점에 따라 전개되는 내용이 어떻게 달라지는지 파악하며 읽으면 이야기를 더 재미있게 읽을 수 있어요.

✛1인칭 주인공 시점 • 서술자가 이야기 속에 등장하고 주인공인 시점.

   • 작품 속 '내'가 주인공이 되어 자신의 이야기를 하며 이야기를 끌어가기 때문에 독자는 친밀감을 느끼며 읽을 수 있음.

✛전지적 작가 시점 • 서술자가 이야기 밖에서 신처럼 인물과 사건에 대해 다 알고 속속들이 이야기하는 시점.

   • 작품 밖의 서술자가 이야기의 모든 것을 알고 전달하기 때문에 사건의 앞뒤 맥락이나 인물들의 관계 및 마음 등을 다 파악하며 읽을 수 있음.

확인 문제를 풀어 보며 개념을 익혀요.

1 다음 빈칸에 공통으로 들어갈 낱말을 세 글자로 쓰세요.

• 이야기 속 사건을 펼쳐서 전달해 주는, 글쓴이가 만들어 낸 허구적 인물을 [   ]라고 한다.
• [   ]가 사건을 바라보는 위치에 따라 시점이 달라진다.

(   )

2 다음 이야기의 서술자에 대한 설명으로 알맞은 것에 ○표 하세요.

꼬리를 흔들면서 기다리던 강아지는 아무런 인기척이 없자 갸우뚱했다. 평소 같으면 덜컹, 우당탕탕 소리와 함께 자신을 부르는 소리가 들렸을 텐데. 연수는 매일 아침 일어나자마자 강아지와 함께 산책을 했다. 그런데 오늘은 사방이 조용하기만 하다. 강아지는 연수에게 무슨 일이 생긴 것은 아닐까 걱정이 되었다.

(1) 서술자는 작품 밖에서 이야기를 전달하고 있다. (   )
(2) 서술자는 작품 속에서 자신의 이야기를 직접 들려주고 있다. (   )

3~4 다음 이야기의 서술자로 알맞은 것에 ○표 하세요.

3

나는 한참 동안 모닥불이 타닥타닥 타는 소리를 들으며 앉아 있었다. 불꽃의 움직임을 멍하니 보고 있는 것만으로도 마음이 편해졌다.

➡ (1인칭 주인공 , 전지적 작가) 시점

4

화장실에 다녀온 지우는 책상 위에 놓여 있는 편지를 발견했다. 평소에 편지를 주고받은 적이 없었던 지우이기에 누구의 편지일지 어떤 내용일지 무척 궁금했지만, 한편으로는 천천히 아껴 읽고 싶은 마음이 들어 일단 가방에 넣었다.

➡ (1인칭 주인공 , 전지적 작가) 시점

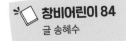
휴게소 가족

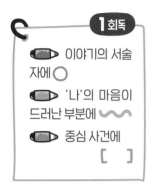
1회독

○ 이야기의 서술자에 ○

○ '나'의 마음이 드러난 부분에 ~~

○ 중심 사건에 [　　]

　잠에서 깨니 도로 위다. 엄마 아빠는 낮은 목소리로 또 싸우는 중이다. 내게 들릴까 봐 목소리를 낮춘 거겠지만 여기는 자동차 안이다. 앞자리와 뒷좌석이 얼마나 가까운지 엄마와 아빠는 정말 모르는 걸까. 아무리 내가 잠들어 있다고 생각한대도 말이다.

　"하여튼 나는 못 키워."

　"정말 이렇게 나올 거야?"

　㉠덜컹, 심장이 내려앉았다. 영화에 나오는 대사가 아니었다. 우리 엄마 아빠도 할 수 있는 말이었다.

　"그럼 어쩌자고?"

　"다른 데 맡겨. 당신이 혼자 키우든지."

　엄마의 말에 아빠가 고개를 돌리고 창문을 내렸다. 바깥바람이 몰려들었다. 그 덕에 나는 참았던 숨을 후 내쉬었다. 눈을 감고 있는데도 눈물이 왈칵 쏟아졌다. ㉡엄마 아빠가 나를 짐짝처럼 여기는 줄 몰랐다.

　내가 아니라면 엄마와 아빠는 진작 헤어졌을 사람들이다. 엄마와 아빠는 취미도, 좋아하는 음식도 다르다. 엄마는 책 읽기를 좋아하고 아빠는 테니스에 빠져 있다. 엄마는 설렁탕이나 김치찌개 같은 한식을 좋아하고 아빠는 주말 아침에 파스타나 햄버거 같은 느끼한 것만 찾는다. 휴가철이 되면 휴가지를 정하느라 또 싸운다. 엄마는 바다, 아빠는 산.

(중략)

　"누나, 그냥 다시 고르자."

　"뭐?"

　"엄마 아빠 후보 말이야. 말로는 엄청 너그러운 것 같지만 우리 엄마보다 더 힘든 사람 같아. 아빠 후보는 바보 같으면서도 고집이 세고, 친구들과 놀고 싶은데 맨날 온 가족이 같이 놀아야 한다고 하면 어쩌지?"

　"그럼 저분들은 어쩌고?"

　"아쉽지만 다음에 보자고 하지 뭐. 어차피 결정은 우리가 하는 거잖아."

　"야, 그렇게 쉽게 말하면 어떡해?"

　"뭐 어때. 우리 모두 쉽게 가족을 구하려고 했는데."

　준이가 빙긋 웃으며 어깨를 으쓱했다.

"그나저나 저기 저 아주머니와 아저씨는 어때? 아까부터 계속 이 근처를 돌아 다니는데."

준이가 가리킨 곳에는, 허둥지둥 나를 찾는 우리 엄마와 아빠가 있었다. ⓒ엄마의 얼굴은 눈물로 **범벅**˙이 되어 번들거렸고, 아빠는 우리 아빠답게 휴대폰을 얼굴에 꼭 붙이고 있었다. 그제야 주머니 속 내 휴대폰의 요란한 진동이 느껴졌다.

"저 사람들은 우리 엄마 아빠야. 매일 싸우고, 나를 책임지는 걸 서로 미루려고 하는……."

㉠"그래? 지금은 별로 그래 보이지 않는데?"

"민서야! 민서야!"

엄마 아빠가 나를 발견하고 허둥지둥 달려왔다.

"민서야! 왜 여기 앉아 있어. 말도 없이 차에서 사라지면 어떡해?"

"얘가 정말 겁도 없어! 어디를 가면 간다고 말해야 할 것 아니야! 전화를 얼마나 했는데……."

㉣바보처럼 눈물이 **비칠비칠**˙새어 나왔다.

"날 어디에든 맡기라며? 찾긴 왜 찾아?"

"얘가 무슨 소릴 하는 거야?"

엄마와 아빠는 서로 마주 보았다.

"너, 설마 꼬미 얘기 듣고 그러는 거야?"

꼬미는 할머니의 강아지다. 꼬미 얼굴이 떠오르자 무릎과 어깨에 힘이 빠지면서 눈물이 차올랐다. 엄마가 눈물을 닦아 주었다.

"맞구나. 할머니가 편찮으셔서 이제 꼬미를 돌볼 수가 없대. 그래서 아빠가 우리 집에서 키우자고 했어. 나는 반대했는데. 민서 네게 필요하다면 데려오자."

- **범벅** 질척질척한 것이 잔뜩 묻은 상태를 비유적으로 이르는 말.

- **비칠비칠** 이리저리 어지럽게 잇따라 비틀거리는 모양.

 빈칸에 알맞은 낱말을 써넣으며 내용을 정리해 보세요.

정답 및 해설 30쪽

- ❶ [ㅈ][ㄷ][ㅊ] 안에서 엄마 아빠가 싸움.
- 엄마와 아빠가 서로 '나'를 키우지 않겠다고 하며 싸운다고 생각함.

➡

- 준이와 엄마 아빠 후보를 고르다가 허둥지둥 '나'를 찾는 엄마 아빠를 만남.
- 자동차 안에서의 이야기가 할머니의 강아지 ❷ [ㄲ][ㅁ]에 대한 것이었음을 알게 됨.

2 회독 빈칸을 채우지 못했다면 다시 읽어요!

1 다음은 이 이야기에서 일어난 일을 정리한 것입니다. 일이 일어난 차례대로 번호를 쓰세요.

> ① 허둥지둥 '나'를 찾는 엄마 아빠를 만났다.
> ② '나'는 말도 없이 차에서 사라져 준이와 함께 엄마 아빠 후보를 골랐다.
> ③ '나'는 자동차 안에서 엄마 아빠가 싸우는 소리를 듣고, 엄마 아빠가 '나'를 짐짝처럼 여기고 있다고 생각하였다.
> ④ 엄마 아빠가 책임지는 걸 서로 미루려고 하는 대상이 '내'가 아니라 할머니의 강아지 꼬미라는 것을 알게 되었다.

(   ) ➡ (   ) ➡ (   ) ➡ (   )

2 준이가 ㉮와 같이 이야기한 까닭은 무엇인가요? (   )

① 민서가 엄마 아빠를 많이 닮아서
② 민서의 엄마 아빠가 민서에게 관심이 없어서
③ 엄마 아빠 후보가 생각보다 마음에 들지 않아서
④ 민서의 엄마 아빠가 민서를 애타게 찾고 있어서
⑤ 민서의 엄마 아빠가 싸우는 모습을 직접 보아서

3 이 이야기의 서술자와 시점으로 알맞은 것에 각각 ○표 하세요.

(1) 서술자	① '나(민서)' ( ) ② 엄마 ( ) ③ 이야기 밖에 있는 사람 ( )
(2) 시점	① 1인칭 주인공 시점 ( ) ② 전지적 작가 시점 ( )

4 ㉠~㉢에 나타난 서술자의 이야기 전달 방식에 대한 설명으로 알맞은 것에 ○표 하세요.

(1) ㉠은 엄마 아빠의 이야기를 들은 서술자의 마음을 직접 표현한 것이다.

(   )

(2) ㉡은 이야기 밖에 있는 서술자가 사건이 일어난 까닭을 알려 주는 것이다.

(   )

(3) ㉢은 서술자인 엄마가 자신의 행동을 설명하며 이야기를 이끌어 가는 것이다.

(   )

5 다음은 (중략) 부분에 어떤 이야기가 펼쳐졌을지 추론한 대화 내용입니다. 어울리지 <u>않는</u> 내용을 말한 친구의 이름에 ○표 하세요.

승민: '엄마 아빠 후보'라는 말과 '가족을 구하려고 했다'는 것을 보니 '나'는 준이라는 아이와 마음이 맞아서 함께 엄마 아빠를 새로 고르고 있었던 것 같아.

지안: '나'와 준이가 금방 가까워진 것을 보면 동생이 생겨서 기분이 좋은 것 같아. '나'는 우리 엄마 아빠보다 좋은 부모가 많다는 것을 알게 되었고 준이와 가족이 되어 살아갈 꿈에 부풀었어.

예슬: 엄마 아빠 후보에 대해 평가하는 것을 보니 후보들을 만나서 이야기를 나눠 본 것 같아. 그런데 준이가 다시 고르자고 하는 것을 보니 후보들이 마음에 들지 않나 봐.

6 ㉯에서 '내'가 운 까닭을 알맞게 짐작한 것을 두 가지 고르세요. (   )

① 갑자기 길을 잃고 바보가 된 것 같아 무서워서
② 새로운 가족을 구하지 못하게 된 것이 속상해서
③ '나'를 걱정하며 찾았다는 것을 알고 안심이 되어서
④ 엄마 아빠를 만나자마자 혼부터 나는 것이 억울해서
⑤ '나'를 어디에든 맡기라는 말이 다시 생각나 서러워서

> 서술자가 '나'에서 엄마로 바뀌면 엄마의 마음이나 생각을 잘 알 수 있어요. 엄마의 입장이 되어 하고 싶은 말을 떠올려 보아요.

7 자동차 안에서 부모님이 싸우는 장면의 서술자를 엄마로 바꾸어 이야기를 고쳐 써 보세요.

민서가 잠든 사이에 남편과 또 싸우게 되었다.

15 토론의 절차

토론은 어떤 문제에 대해 찬성과 반대로 나뉘어 자기의 주장이 옳음을 논리적으로 밝혀 나가는 형식의 말하기예요. 토론문은 어느 편의 주장이 더 설득력이 있는지 생각하며 읽어요.

토론의 절차 • '주장 펼치기 → 반론하기 → 주장 다지기 → 판정하기' 순으로 진행됨.

• **주장 펼치기** 토론 주제에 대한 자기의 주장과 근거를 말함.

• **반론하기** 상대편의 주장과 근거에 문제가 있는지 따져 보고, 의견을 반박함.

• **주장 다지기** 상대편의 반론이 타당하지 않음을 밝히며 자기편의 주장과 근거를 강조함.

• **판정하기** 토론에서 잘된 점을 중심으로 승패를 판단함.

확인 문제를 풀어 보며 개념을 익혀요.

1~4 다음은 '학교 내 시시 티브이(CCTV) 설치'와 관련된 토론 과정의 일부입니다. 내용에 알맞은 토론의 절차를 **보기**에서 찾아 쓰세요.

┤ **보기** ├

주장 펼치기   반론하기   주장 다지기   판정하기

1 　찬성편에서 CCTV의 설치는 개인의 사생활을 침해하려는 목적이 아니라 안전 문제, 학교 폭력 문제 등 다양한 문제를 해결하기 위한 것이라고 하였습니다. 하지만 CCTV를 설치한다고 문제가 해결되는 것이 아닙니다. 문제가 발생하기 전에 예방 교육을 하는 것이 더 효과적이지 않을까요? 결국 CCTV는 학생들의 자유권을 침해하는 일에 사용될 것입니다.

(   )

2 　학교 내 CCTV 설치에 반대합니다. 학교에서 오랜 시간을 보내는 학생들의 자유권을 침해할 수 있기 때문입니다. CCTV를 설치한다면 학생들은 매 순간 감시당한다는 생각이 들어 학교생활을 자유롭게 할 수 없습니다.

(   )

3 　학교 내 CCTV 설치로 학교 폭력을 예방할 수 있다는 찬성편의 의견에 동의하지 않습니다. 화장실을 포함한 학교의 모든 장소에 CCTV를 설치할 수 있는 것이 아니라면, 결국 CCTV가 없는 곳에서 학교 폭력이 발생할 수 있기 때문입니다.

(   )

4 　학교 내 CCTV 설치에 대한 찬성편 근거의 문제점을 논리적으로 잘 반박한 반대편의 주장이 더 설득력이 있었습니다.

(   )

생물 다양성 보존에 인간이 개입해야 하는가

1회독

- 찬성편과 반대편의 주장에 ○
- 주장에 대한 근거에 ∿
- 상대편의 의견에 대한 반론과 반박에 [　]

사회자: 5월 22일은 '세계 생물 다양성의 날'입니다. 유엔이 생물종의 다양성을 이해하고 보존하기 위해 정한 날입니다. 생물 다양성을 보존하기 위해 세계 여러 나라가 함께 노력하고 있는 가운데, 오히려 인간의 **개입**˙으로 생태계를 **교란할**˙ 수 있다는 우려를 표하는 목소리도 있습니다. '생물 다양성 보존을 위해 인간이 개입해야 한다'를 주제로 토론을 시작하겠습니다.

1 서연: 저는 생물 다양성 보존을 위해 인간이 개입해야 한다고 생각합니다. 그 이유는 첫째, 여러 종이 얽히며 균형을 이루고 있는 생태계는 한번 파괴되면 복원이 어렵습니다. 최근 기후 변화로 인해 꿀벌 수가 감소하고 있습니다. 유엔 식량 농업 기구에 따르면 전 세계 식량의 100대 농작물 중 70퍼센트 이상이 꿀벌의 **수분**˙으로 생산된다고 합니다. 꿀벌 수가 감소하면 결국 인류는 식량난에 처하게 됩니다. 이렇듯 생태계 균형이 깨진다면 생태계뿐만 아니라, 인류에게도 부정적인 결과를 가져올 것이기 때문에 인간이 개입을 할 수밖에 없습니다.

둘째, 생물 다양성을 위협하는 기후 위기 문제는 환경 보호와 같은 방법을 통해 인간의 노력으로 해결해야 합니다. 열대 우림이나 맹그로브 숲은 여러 생물의 터전일 뿐만 아니라 많은 양의 탄소를 흡수하여 지구 온도를 낮추는 역할을 합니다. 이러한 자연을 지키고 보존하는 일에 인간이 적극적으로 개입해야 한다고 생각합니다.

2 준우: 저는 생물 다양성 보존을 위한 인간의 개입에 반대합니다. 첫째, 생태계는 자연의 순리에 따르는 것이 가장 좋다고 생각합니다. 인간의 개입으로 오히려 생태계 평형이 깨질 수 있습니다. 그 예로, 인간이 다른 지역으로 옮겨 키운 동식물이 그 지역 생태계를 위협하는 생태계 교란종이 되는 문제가 있었습니다. 복잡한 생태계가 인간의 예측대로 움직이는 것이 아니기 때문에 인간의 개입은 생물 다양성 보존에 ⟨　　㉠　　⟩ 영향을 끼친다고 생각합니다.

둘째, 인간의 개입으로 기대할 수 있는 효과가 불확실합니다. 막대한 비용을 들여도 생태계를 인간의 의도대로 복원하는 일은 불가능에 가깝습니다. 생태계는 매우 복잡하게 상호 작용하고 있기 때문에 섣부른 인간의 개입이 오히려 더

- **개입**(介 끼일 개, 入 들 입) 자신과 직접 관계가 없는 일에 끼어듦.
- **교란**(攪 어지러울 교, 亂 어지러울 란)**하다** 마음이나 상황 등을 뒤흔들어서 어지럽고 혼란하게 하다.
- **수분**(受 받을 수, 粉 가루 분) 꽃이 있는 식물에서 수술의 꽃가루가 암술머리에 옮겨 붙는 일.

큰 문제를 가져올 수도 있습니다.

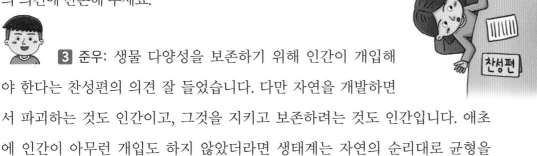

사회자: 찬성편과 반대편의 의견 잘 들었습니다. 상대편의 의견에 반론해 주세요.

③ 준우: 생물 다양성을 보존하기 위해 인간이 개입해야 한다는 찬성편의 의견 잘 들었습니다. 다만 자연을 개발하면서 파괴하는 것도 인간이고, 그것을 지키고 보존하려는 것도 인간입니다. 애초에 인간이 아무런 개입도 하지 않았더라면 생태계는 자연의 순리대로 균형을 유지하며 원활하게 작동하고 있지 않았을까요?

④ 서연: 동의합니다. 하지만 인간은 삶의 편리함을 위해 끊임없이 동식물의 서식지를 파괴하며 도시를 확장하고 있습니다. 그렇기 때문에 인간 스스로가 그 잘못을 되돌릴 수 있도록 인간이 개입해야 하는 것입니다.

사회자: 네, 반대편의 반론과 찬성편의 반박까지 잘 들었습니다.

  빈칸에 알맞은 낱말을 써넣으며 내용을 정리해 보세요.

정답 및 해설 32쪽

토론 주제	❶ ㅅ ㅁ ㄷ ㅇ ㅅ 보존을 위해 인간이 개입해야 한다	

	찬성편	반대편
주장 펼치기	• 생태계 균형이 깨진다면 인류에게도 부정적인 결과를 가져올 것이기 때문에 인간이 개입을 할 수밖에 없다. • 기후 위기 문제는 인간의 ❷ ㄴ ㄹ 으로 해결해야 한다.	• 생태계는 자연의 순리에 따르는 것이 가장 좋다. • 인간의 개입으로 기대할 수 있는 효과가 불확실하고, 인간의 개입이 오히려 더 큰 문제를 가져올 수 있다.
반론과 반박	인간 스스로가 그 잘못을 되돌릴 수 있도록 인간이 개입해야 한다.	애초에 인간의 개입이 없었다면 ❸ ㅅ ㅌ ㄱ 는 자연의 순리대로 균형을 유지하고 있었을 것이다.

2 회독 빈칸을 채우지 못했다면 다시 꼼꼼히 읽어요!

1 이 글을 읽고 알 수 있는 내용으로 알맞지 <u>않은</u> 것은 무엇인가요? ( )

① 인간이 도시를 확장하면서 생태계를 파괴하고 있다.

② 꿀벌 수가 감소하는 것과 인류의 식량난 문제는 밀접한 관련이 있다.

③ 생물 다양성을 보존하기 위해 세계 여러 나라가 함께 노력하고 있다.

④ 기술이 발달하여 복잡한 생태계를 인간의 예측대로 움직일 수 있게 되었다.

⑤ 열대 우림과 맹그로브 숲을 보존하는 것은 기후 위기 문제 해결에 도움을 줄 수 있다.

2 ㉠에 들어갈 말로 알맞은 것에 ○표 하세요.

(긍정적인 , 부정적인)

3 ❶~❹는 다음 토론의 절차 중 어느 부분에 해당하는지 괄호 안에 번호를 쓰세요.

(1) **주장 펼치기** ▶ 토론 주제에 대한 자신의 주장과 근거를 말한다.

(,)

(2) **반론하기** ▶ 상대편의 주장과 근거에 문제가 있는지 따져 보고, 의견을 반박한다. ( )

(3) **주장 다지기** ▶ 상대편에서 제기한 반론이 타당하지 않음을 밝히며 자기편의 주장과 근거를 강조한다. ( )

4 다음은 어떤 의견에 대한 반론인지 알맞게 말한 친구의 이름에 ○표 하세요.

> 꿀벌 수가 감소한다고 꿀벌을 보호하기 위해 인간이 개입하여 꿀벌에게 유리한 환경 조건을 만들어 주었다고 생각해 봅시다. 이로 인해 다른 종들에게는 어떤 영향이 갈지 인간이 다 알고 대응한다는 것은 불가능합니다.

생물 다양성 보존을 위해 인간이 개입을 해야 한다는 서연이의 의견에 대한 반론이야.

예슬

승민

생물 다양성 보존을 위해 인간이 개입하는 순간 오히려 생태계 평형이 깨질 것이라는 준우의 의견에 대한 반론이야.

5 다음은 이 토론에 참여하기 위해 준비한 자료입니다. 찬성편과 반대편 중 어떤 주장의 근거 자료로 알맞은지 **보기**에서 찾아 번호를 쓰세요.

┤ **보기** ├

① 생물 다양성 보존을 위해 인간이 개입해야 한다는 찬성편
② 생물 다양성 보존을 위해 인간이 개입하지 않아야 한다는 반대편

(1)

전 세계적인 전염병의 유행으로 사람들의 생활에 제약이 생기고 활동이 줄어들자 생태계가 회복되고 있는 모습이 세계 곳곳에서 발견되었다. 수질 오염이 문제가 되었던 베네치아의 운하에 관광객의 발길이 뚝 끊기자 수질이 깨끗해지면서 물고기 떼가 나타났고, 브라질의 해변에서는 멸종 위기종 바다거북의 대규모 부화가 관찰되었다.

(   )

(2)

인간과 산불이 벌새의 서식지를 파괴하면서 1989년에 겨우 50마리만 남았을 정도로 벌새는 멸종 위기종이 되었다. 그래서 많은 과학자들이 멸종 위기종인 벌새를 보호하기 위해 유전자 변형 연구를 활발하게 진행하고 있다. 이미 호주에서는 유전자 변형 작업으로 적응력이 높고 독립성이 강한 벌새를 탄생시켰다고 한다.

(   )

생물 다양성 보존을 위해 인간이 개입해야 한다고 생각하는지, 개입하지 않아야 한다고 생각하는지 내 의견을 정하고 그렇게 생각한 이유를 함께 쓰는 것이 좋아요.

6 이 토론에 나온 찬성편과 반대편의 주장 중 나는 어떤 의견에 동의하는지 그 까닭과 함께 써 보세요.

_____

_____

_____

4 주차 에서 우리는

16 설화의 특성

설화는 입에서 입으로 전해져 온 옛이야기로, 신화, 전설, 민담 등이 있어요. 누가 언제 지었는지는 알 수 없지만, 조상들의 삶의 지혜와 교훈이 담겨 있어요.

✦ **신화** 한 민족 사이에서 전해 오는 신과 영웅들의 이야기. 주로 건국 신화가 많고, 사람들이 신성하다고 믿음.

✦ **전설** 구체적인 장소나 사물, 인물에 얽혀 전해 내려오는 이야기로, 구체적인 시간이나 장소가 나오고 증거물이 있음.

✦ **민담** 예로부터 백성들 사이에 전해 내려오는, 재미와 교훈을 주는 옛이야기로 전래 동화라고도 함.

1~3 **다음에서 설명하는 설화의 종류를 알맞게 연결하세요.**

1 　재미와 교훈을 주는 옛이야기로 전래 동화라고도 한다. •

• ① 　신화

2 　구체적인 시간이나 장소가 나오고 증거물이 있는 이야기이다. •

• ② 　전설

3 　탁월한 능력을 지닌 신과 영웅들의 이야기로, 주로 나라를 세운 인물의 이야기가 많다. •

• ③ 　민담

4~6 **다음 밑줄 친 이야기는 신화, 전설, 민담 중 어떤 설화에 해당하는지 쓰세요.**

4 홍익인간의 뜻으로 고조선을 세운 단군왕검 이야기는 우리 민족의 정체성을 나타낸다.

(　　　　　　　)

5 연천군 은대리를 흐르는 한탄강의 삼형제 바위에 얽힌 슬픈 이야기가 전해진다.

(　　　　　　　)

6 토끼의 간 이야기는 판소리 수궁가의 배경이 되었다.

(　　　　　　　)

설악산 울산 바위

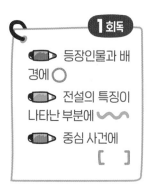

1회독

🔖 등장인물과 배
경에 ◯

🔖 전설의 특징이
나타난 부분에 〰️

🔖 중심 사건에
[   ]

강원특별자치도 속초시 설악산에는 2013년 대한민국의 **명승** 제100호로 지정된 울산 바위가 있다. 울산 바위는 그 자체로도 명승적 가치를 지니지만 울산 바위에서 보이는 경치도 빼어나 많은 사람들이 찾는 관광 명소이다. ㉠울산 바위의 이름에 대한 유래는 그 형상이 울타리처럼 생겨서 그렇다는 이야기와 천둥이 칠 때 하늘이 울린다고 해서 울산 바위라고 불렀다는 설이 있다. 울산 바위에 얽힌 전설도 있는데 그 내용은 다음과 같다.

🐾 울산 바위에 얽힌 전설

옛날 ㉡조물주가 금강산을 만들면서 경관을 빼어나게 하려고 전국의 잘생긴 바위들은 모두 금강산으로 모이라고 하였다. 원래 경상남도 울산에 있던 울산 바위도 이 소식을 듣고, 고향인 울산을 떠나 금강산으로 향했다. 그러나 울산 바위는 덩치가 워낙 크고 무거워 걸음걸이가 느릴 수밖에 없었다. 쉬엄쉬엄 가다 보니 울산 바위가 설악산에 도착했을 때쯤에는 이미 전국에서 모인 잘생긴 바위들이 금강산을 다 차지하여 울산 바위가 들어갈 자리가 없다는 소식이 들렸다. 울산 바위는 금강산에서 한자리 차지하겠다고 고향 울산을 떠나왔기에, 다시 울산으로 돌아갈 **면목**이 없어서 설악산에 눌러앉고 말았다고 한다.

한편, 설악산에 눌러앉은 울산 바위 이야기를 들은 울산 고을 원님이 설악산 ㉢신흥사에 있는 스님을 찾았다. 울산 고을 원님은 스님에게 "울산 바위는 울산 고을의 소유인데 신흥사에서 울산 바위를 차지하고 있으니 그 대가로 **셋돈**을 내셔야겠습니다."라고 하였다. 신흥사 스님은 억울했지만 셋돈을 내지 않을 마

● **명승**(名 이름 명, 勝 이길 승)
국가에서 지정하여 법률로 보
호하는 자연 경관, 역사 문화
경관 등의 자연유산.

● **면목**(面 낯 면, 目 눈 목) 남을
대할 만한 체면.

● **셋**(貰 세낼 세)**돈** 남의 물건이
나 건물을 빌려 쓰고 그 값으로
주는 돈.

▲ 설악산 울산 바위

땅한 방법이 없었다. 울산 고을에서는 해마다 꼬박꼬박 세를 받아 갔다.

그러던 어느 해에 신흥사 스님이 울산 고을 원님에게 줄 셋돈이 없어 걱정을 하고 있었다. 이를 본 ㉣동자승°이 자기가 해결해 보겠다며 나섰다. 며칠 후 울산 고을 원님이 셋돈을 받기 위해 신흥사에 도착하였다. 동자승은 무척 곤란한 얼굴로 울산 고을 원님에게 말하였다. "원님, 이제부터는 세를 줄 수 없는 사정이 되었습니다. 바위를 다시 울산으로 옮겨 가 주십시오." 이에 골똘히 생각하던 울산 고을 원님은 "바위를 재로 꼰 새끼로 묶어 주면 가져가겠다."라고 하였다. 이 말을 들은 동자승은 청초호와 영랑호 사이에서 자라는 풀로 새끼를 꼬아 울산 바위를 칭칭 감았다. 그런 뒤 울산 바위에 불을 놓아 재로 꼰 새끼를 만들었다.

황당한 제안을 지혜로 잘 넘긴 동자승 덕분에 신흥사는 더 이상 셋돈을 내지 않게 되었고, 울산 고을 원님은 울산 바위를 옮겨 가지도 못하였다고 한다. 그런 일이 있은 후 청초호와 영랑호 사이를 '묶을 속(束)' 자와 '풀 초(草)' 자를 써서 ㉤'속초(束草)'라고 부르게 되었다고 한다.

● **동자승**(童 아이 동, 子 아들 자, 僧 중 승) 나이가 어린 승려.

구조 읽기 빈칸에 알맞은 낱말을 써넣으며 내용을 정리해 보세요.

정답 및 해설 (34쪽)

강원특별자치도 속초시 설악산에는 대한민국의 명승 제100호로 지정된 울산 바위가 있고, 이에 얽힌 ❶ ㅈ ㅅ 이 있음.

울산 바위에 얽힌 전설	경상남도 울산에 있던 울산 바위가 금강산으로 향하던 중 ❷ ㅅ ㅇ ㅅ 에 눌러앉게 됨.
	❸ ㅇ ㅅ 바위 이야기를 들은 울산 고을 원님이 설악산 신흥사에 찾아와 울산 바위를 차지하고 있는 대가로 셋돈을 내라고 하였고, 신흥사 스님은 억울했지만 꼬박꼬박 세를 냄.
	어느 해에 동자승이 자신이 셋돈 문제를 해결해 보겠다고 나섰고 울산 고을 원님에 맞서 지혜롭게 해결함.
	청초호와 영랑호 사이를 '묶을 속(束)' 자와 '풀 초(草)' 자를 써서 '속초(束草)'라고 부르게 됨.

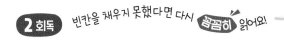

2회독 빈칸을 채우지 못했다면 다시 꼼꼼히 읽어요!

1 이 이야기에 대한 설명으로 가장 알맞은 것은 무엇인가요? (　　　)

① 울산 바위가 어느 지역의 것인가를 두고 논쟁하는 글이다.
② 울산 바위가 자리 잡은 위치와 지역의 특징에 대해 설명하는 글이다.
③ 강원특별자치도 속초시 설악산에 있는 울산 바위와 관련된 전설이다.
④ 울산 바위가 가지고 있는 문제점에 대한 해결 방법을 토의하는 글이다.
⑤ 강원특별자치도 속초시 설악산 울산 바위를 보고 온 후 쓴 기행문이다.

2 울산 바위가 설악산에 눌러앉게 된 까닭으로 알맞은 것을 두 가지 고르세요.
(　　　)

① 설악산의 울타리가 되어 주려고
② 다시 울산으로 돌아갈 면목이 없어서
③ 금강산보다 설악산의 경관이 빼어나서
④ 울산 고을 원님이 셋돈을 받을 수 있게 하려고
⑤ 이미 전국에서 모인 잘생긴 바위들이 금강산을 다 차지하여서

3 이 이야기에 등장하는 인물의 특징과 상황을 <u>잘못</u> 파악하여 말한 친구의 이름에
○표 하세요.

울산 바위는 느리긴 해도 포기를 모르는 끈기 있는 인물이야. 결국 설악산의 경관을 빼어나게 만들었잖아.
한들

울산 고을 원님은 욕심이 많은 사람 같아. 울산 바위가 설악산에 눌러앉은 것인데 신흥사 스님은 정말 억울했겠어.
예슬

동자승은 나이는 어려도 침착하고 지혜로운 사람이야. 울산 고을 원님의 황당한 제안을 통쾌하게 해결했잖아.
지안

4 ㉠~㉤ 중 다음 밑줄 그은 내용에 해당하는 것을 알맞게 짝 지은 것은 무엇인가요? (　　　)

> 전설의 특징은 <u>구체적인 시간이나 장소</u>가 나오고 <u>증거물</u>이 있다는 것이다.

① ㉠, ㉡, ㉢　　② ㉠, ㉢, ㉤　　③ ㉡, ㉢, ㉣
④ ㉡, ㉣, ㉤　　⑤ ㉢, ㉣, ㉤

5 설화에는 신화, 전설, 민담이 있습니다. 다음 중 이 이야기와 같은 종류의 설화에 ○표 하세요.

(1)
신선들은 백록(털의 빛깔이 흰 사슴)을 타고 다녔는데 백록은 한라산 정상의 물을 먹어야 했다. 그래서 한라산 정상의 못에 백록담이라는 이름이 붙게 되었다고 한다.

(   )

(2)
마음씨 착한 혹부리 영감은 도깨비 덕에 혹을 떼었고, 욕심 많고 마음씨 나쁜 혹부리 영감은 도깨비 때문에 혹만 하나 더 붙이게 되었다.

(   )

6 다음 이야기와 울산 바위 전설의 공통점은 무엇인가요? (   )

이성계가 조선을 건국하기 전 남해 보광산에서 백일기도를 드렸다. 마지막 날 '임금 왕(王)' 자가 보이는 꿈을 꾸었다. 이성계는 보광산 산신령에게 고마움의 표시로 자신이 왕이 되면 보광산 전체를 비단으로 감싸 주겠다고 하였다. 조선을 건국한 이성계는 보광산을 비단으로 감싸라고 했으나 신하들은 비단도 부족하고 영원히 비단으로 덮을 수도 없으니 대신 산 이름을 '비단 금(錦)' 자를 써서 금산이라고 부르자고 하여 남해 보광산은 금산이 되었다.

① 신과 영웅이 주인공이다.   ② 지명의 유래가 담겨 있다.
③ 왕의 탄생에 대한 내용이다.   ④ 권선징악이라는 교훈을 준다.
⑤ 실제 있었던 일을 바탕으로 한 것이다.

울산 바위의 이동과 멈추게 되는 과정, 그리고 설악산에 자리 잡게 되면서 생기는 일 등에 대한 생각이나 느낌을 자유롭게 떠올려 보아요.

7 울산 바위에 얽힌 전설을 읽고 어떤 생각이나 느낌이 들었는지 써 보세요.

17 사회·문화 분야의 글

층간 소음 문제에 대한 서로 다른 관점

여러 가구가 거주하는 공동생활 공간에서는 주민 개개인이 소음을 줄이려고 노력해야 합니다.

건설사는 공동 주택을 지을 때 바닥을 두껍게 하여 소음 검사 기준을 통과하도록 하여야 합니다.

인간 사회에서 일어나는 복잡하고 다양한 사회·문화 현상을 다룬 글은 글쓴이의 관점에 따라 글의 결론과 해석이 여러 가지로 달라질 수 있어요. 그러므로 글쓴이의 생각과 의견이 적절한지 판단하며 읽어야 해요.

✦ **사회·문화 분야의 글을 읽는 방법** ・복잡한 사회·문화 현상을 다룬 글을 읽을 때는 어떤 문제를 해결하기 위해 읽는 것인지 읽는 목적을 분명하게 해야 함.

・글에 제시된 내용과 우리 주변의 경우를 비교하면서 글의 내용이 논리적이고 타당한지 생각하면서 읽어야 함.

확인 문제를 풀어 보며 개념을 익혀요.

1~2 **다음 괄호 안에 들어갈 알맞은 말에 ○표 하세요.**

1
복잡한 사회·문화 현상을 다룬 글을 읽을 때는 어떤 문제를 해결하기 위해 읽는 것인지 읽는 (목적 , 시간)을 분명하게 알아야 한다.

2
글에 제시된 내용과 우리 주변의 경우를 비교하면서 글쓴이의 입장이나 견해가 논리적이고 타당한지 생각하며 (감동적 , 비판적)으로 읽어야 한다.

3~5 **다음은 인공 지능으로 인해 일어나는 사회·문화 현상에 대한 의견입니다. 글에 나타난 글쓴이의 관점으로 알맞은 것에 ○표 하세요.**

3
문구를 입력하면 몇 초 만에 이미지로 바꿔 주는 인공 지능 프로그램 덕분에 우리는 미술관에 가지 않고도 다양한 형태의 예술 작품을 즐길 수 있게 되었다.

긍정적 / 부정적

4
인공 지능 프로그램이 다양한 형태의 예술 작품을 만들어 내는 것은 셀 수 없이 많은 원저작물을 학습하였기 때문에 가능한 것이다. 인공 지능 프로그램 개발 기업에서는 이와 같은 방대한 자료를 허락 없이 사용하여 저작권을 침해하고 있다.

긍정적 / 부정적

5
자율 주행차가 운행 중일 때 탑승자의 안전과 행인의 안전 중 무엇을 우선시하도록 인공 지능을 프로그램할 것인가에 대한 논란이 일고 있다. 인공 지능 프로그램으로 생사가 갈리는 자율 주행차를 과연 신뢰하고 탈 수 있을지 의문이다.

긍정적 / 부정적

정답 1 목적 2 비판적 3 긍정적 4 부정적 5 부정적

전통과 변화의 갈림길에 선 한복

1회독

⬤▬ 중심 글감에 ◯

⬤▬ 문제 상황과 이에대한 의견에 〰

⬤▬ 글쓴이가 하고자 하는 말에 [　]

경복궁과 같은 고궁에 가면 한복을 입고 사진 찍는 사람들을 쉽게 볼 수 있다. 궁궐에서 한복을 입고 사진을 찍어 사회관계망 서비스[SNS]에 공유하는 사람들도 많아졌다. 한복을 입은 외국인들도 많이 볼 수 있는 만큼 궁궐에서의 한복 체험은 이미 한국의 관광 상품이자 문화 체험의 한 부분이 되었다. 한복을 체험하고 싶은 사람들이 찾는 궁궐 주변의 한복 대여점에 가 보면 "○○ 드라마에 나온 한복 주세요.", "케이팝아이돌이 음악 방송 무대에서 입었던 한복 있나요?" 등의 질문들을 쉽게 들을 수 있다고 한다. 한류의 **위상**˚이 높아지면서 한국 드라마에 나온 한복이나 유명 아이돌이 무대에서 입은 한복을 보고 한국에 와 이를 체험해 보려는 외국인들이 많아진 것이다.

이러한 한복 체험이 최근 논란이 되고 있다. 한복 체험 의상으로 사용되는 한복은 사진을 찍었을 때 예쁘게 나오는 형태로 많이 **변형되었기**˚ 때문이다. 화려하게 보이기 위해 한복에 금박 무늬를 넣거나 전통 한복에 있는 고름 대신 리본으로 끈을 묶는 한복도 있다. 또한 속치마 안에 철사를 넣어 드레스처럼 부풀려 입거나, 왕이 입는 곤룡포와 양반이 쓰던 갓을 같이 착용하는 등 전통 한복 착용 방식과는 거리가 먼 차림새도 많이 보인다고 한다. 이렇듯 최근 유행하는 퓨전 한복은 전통 한복의 정체성을 해친다는 논란이 일고 있다. 이에 국가유산청이 '　　　　㉠　　　　'를 **시행한다고**˚ 하였다. 궁궐 주변 한복 대여점에서는 퓨전 한복이 아니라 전통 한복을 관광객에게 대여하도록 하겠다는 것이다.

국가유산청의 이러한 움직임에 대해 찬성과 반대로 입장이 나뉘어 여러 의견이 분분하다. 우선 ㉡전통의 현대화가 필요하다며 퓨전 한복도 한복으로 봐야 한다는 시각이 있다. 의복은 시대에 따라서 계속 발전해 왔기에 현재의 요구에

● **위상**(位 자리 위, 相 서로 상) 어떤 사물이 다른 사물과의 관계 속에서 가지는 위치나 상태.

● **변형**(變 변할 변, 形 모양 형)**되다** 모양이나 형태가 달라지다.

● **시행**(施 베풀 시, 行 갈 행)**하다** 법령을 국민에게 널리 알린 뒤에 그 효력을 실제로 발생시키다.

따라 한복이 변화하는 것은 당연하다는 것이다. 또한 입고 벗기 불편한 전통 한복보다 입고 벗기 편한 퓨전 한복의 장점은 간편함을 중시하는 현대인에게 적합하다고 한다.

반면 편리함과 **대중성**[●]도 좋지만 ⓒ오랜 전통인 우리 고유의 한복을 지키는 것이 무엇보다 중요하다는 의견도 있다. 이러한 주장을 하는 사람들은 우리 전통문화라 부르기 힘들 정도로 변형이 심하게 된 퓨전 한복을 입은 사람들을 볼 때마다 안타까웠다고 한다. 그리고 문화재청(현재의 국가유산청)이 2022년 '한복 생활'을 국가 무형 문화재(현재의 국가 무형유산)로 지정한 만큼, 전통 한복 자체가 우리 민족의 정체성이자 우리나라를 대표하는 전통이라고 말한다.

편하게 입을 수 있고 현대인의 눈에도 예쁜 퓨전 한복은 우리 문화를 알리는 좋은 기회일까? 아니면 우리 전통문화의 정체성을 해치는 퓨전 한복을 입지 않고 전통 한복을 지켜야 할까? 전통을 올바로 지키면서도 현대인에게 환영받는 한복으로 자리 잡을 수 있도록 방법을 찾아야 할 때이다.

● **대중성**(大 큰 대, 衆 무리 중, 性 성품 성) 일반 대중이 친숙하게 느끼고 즐기며 좋아할 수 있는 성질.

 **구조읽기** 빈칸에 알맞은 낱말을 써넣으며 내용을 정리해 보세요.

정답 및 해설 **36쪽**

사회·문화 현상	한복의 유행으로 ^❶[ㅎ][ㅂ] 체험을 하려는 사람들이 많아짐.
관련된 문제	한복 체험 의상으로 사용되는 퓨전 한복이 전통 한복의 ^❷[ㅈ][ㅊ][ㅅ]을 해친다고 하여 국가유산청이 '올바른 전통 한복 입기'를 시행한다고 함.

찬반 의견	의복은 시대에 따라서 계속 발전해 왔기에 간편함을 중시하는 현대인에게 퓨전 한복이 적합함.	⟷	편리함과 대중성도 좋지만 오랜 전통인 우리 고유의 한복을 지키는 것이 중요함.

앞으로의 방향성 제시	^❸[ㅈ][ㅌ]을 올바로 지키면서도 현대인에게 환영받는 한복으로 자리 잡을 수 있도록 방법을 찾아야 함.

 2회독 빈칸을 채우지 못했다면 다시 *꼼꼼히* 읽어요!

1 ㉠에 들어갈 알맞은 내용은 무엇인가요? (   )

① 한류 위상 높이기

② 한복 무료 나눔하기

③ 퓨전 한복 생활화하기

④ 올바른 전통 한복 입기

⑤ 일상생활에서 한복 입기

2 다음은 이 글의 글쓴이가 관찰한 사회·문화 현상입니다. 빈칸에 알맞은 말을 **보기**에서 찾아 쓰세요.

┤ **보기** ├
| 한류 | 체험 | 퓨전 한복 | 현대화 |

• (   )의 사례를 바탕으로 한 전통의 보존과 (   ) 논란

3 이 글과 같은 사회·문화 분야의 글을 읽는 방법으로 알맞지 <u>않은</u> 것은 무엇인가요? (   )

① 문제에 대한 다양한 의견을 비교하며 읽는다.

② 주변에 다른 사례가 있는지 생각하며 읽는다.

③ 전문가가 분석하여 쓴 글이므로 수용하며 읽는다.

④ 어떤 사회·문화 현상에 대한 글인지 파악하며 읽는다.

⑤ 글에 나타난 문제에 대한 내 의견을 정리하며 읽는다.

4 글쓴이가 이 글을 쓴 목적으로 알맞은 것에 ○표 하세요.

(1) 문제 상황에 대한 여러 가지 의견을 제시하려고 (   )

(2) 명확한 답을 제시하여 더 나은 사회를 만들기 위한 방법을 알려 주려고

(   )

(3) 읽는 이가 문제 상황을 바르게 이해하고 해결 방법을 생각해 보도록 하려고

(   )

5 다음 중 이 글의 ⓒ, ⓒ과 비슷한 의견을 가진 친구의 이름을 각각 쓰세요.

> 문화는 계속 발전해 가는 거니까 티라미수 인절미처럼 한복도 현대인이 원하는 방향으로 바뀌어 갈 필요가 있어.

 승민

 서연

> 전통은 오랜 시간에 걸쳐 전해 내려온 우리 고유의 문화이니까 우리도 이를 잘 보존해서 후손들에게 물려줘야 하지 않을까?

(1) ⓒ '전통의 현대화가 필요하다': (   )

(2) ⓒ '오랜 전통인 우리 고유의 한복을 지키는 것이 무엇보다 중요하다':

(   )

6 다음 인터뷰 대상자가 이 글을 읽고 할 수 있는 말로 알맞은 것은 무엇인가요?

(   )

> 한복 대여점 상인: 퓨전 한복들을 다 처분하라는 것인지 상인들 사이에서도 말이 많아요. 사람들은 사진이 잘 나오는 화려한 퓨전 한복을 더 찾거든요. 게다가 전통 한복은 가격이 비싼 편이어서 상인들에게는 부담이 되죠.

① 퓨전 한복을 없앤다면 우리 민족의 정체성도 사라질지 몰라요.

② 전통 한복이 드라마에서 사라지면 한복 체험이 늘어날 거예요.

③ 퓨전 한복의 가격을 올려서 전통 한복과 비슷하게 만들면 돼요.

④ 간단히 체험해 보려는 외국인들에게 전통 한복은 불편할 수 있어요.

⑤ 현대인에게 환영받지 못하는 한복은 전통 한복이라고 볼 수 없어요.

> 편리함과 화려함을 갖춘 퓨전 한복을 현대 문화라고 생각하는지 전통 파괴라고 생각하는지 내 의견을 정리하여 그렇게 생각한 까닭과 함께 쓰면 좋아요.

7 한복 체험 의상으로 사용되는 퓨전 한복에 대한 자신의 의견을 써 보세요.

_____

_____

_____

18 연설의 설득 전략

　　여러 사람 앞에서 자기의 주장이나 의견을 발표하는 연설은 청중을 설득하는 것을 목적으로 해요. 따라서 연설문을 읽을 때에는 연설의 주제나 상황을 고려하여 연설가가 궁극적으로 전달하고자 하는 내용은 무엇인지, 근거는 논리적으로 타당한지 판단하며 읽어야 해요.

+연설의 설득 전략 ·연설은 간결하고 명료하면서도 생동감을 주는 문장으로 되어 있음.

· 연설가는 자신의 경험과 행동을 바탕으로 동참을 이끌어 내어 듣는 이가 신뢰하게 함.

· 전문가의 말 인용, 구체적인 수치, 통계 자료 등으로 주장을 뒷받침하여 설득 효과를 높임.

· 듣는 이의 감정에 호소하여 설득의 효과를 높이기도 함.

짧은 글로

개념 확인

확인 문제를 풀어 보며 개념을 익혀요.

1~2 다음 괄호 안에 들어갈 알맞은 말에 ○표 하세요.

1 여러 사람 앞에서 자기 주장이나 의견을 발표하는 것을 (설명 , 연설)이라고 한다.

2 연설은 (간결하고 정확한, 복잡하고 어려운) 문장을 사용해야 듣는 이가 이해하기 쉽다.

3~4 다음과 같은 주제로 연설을 했을 때 더 설득력 있는 연설가의 번호에 ○표 하세요.

3

주제: 스마트폰 사용을 줄이자	
① 청소년 인터넷 중독 예방 상담 센터에서 근무했으며 관련 내용을 연구한 교수	② 스마트폰을 사용한 지 20년이 넘었고, 지금도 스마트폰을 많이 사용하는 삼촌

4

주제: 환경 보호를 실천하자	
① 현재 환경 보호를 위해 노력하는 단체의 장	② 현재 댐 건설을 추진 중인 지방 자치 단체장

5~6 다음 연설의 일부에 사용된 설득 전략으로 알맞은 것에 ○표 하세요.

5 "우리는 더 나은 세상을 상상하고 만들어 낼 수 있는 힘이 있습니다!"
➡ 듣는 이의 (감정 , 지식)에 호소하여 마음을 움직인다.

6 "한 달에 만 원이면 어린이들에게 연필 오백 자루를 보낼 수 있습니다."
➡ (전문가의 말 , 구체적인 수치)을/를 통해 듣는 이를 논리적으로 설득한다.

마야의 연설

저는 2008년에 제 회사인 '마야의 아이디어'를 시작했습니다. 겨우 여덟 살 때였죠. 그 출발점은 딱 세 가지였어요. 호기심과 환경에 대한 사랑, 그리고 온갖 형태의 예술과 디자인에 대한 열정이었습니다. 사업을 시작할 때 전 무척이나 진지했습니다. 동물 인형들을 앉혀 놓고 플라스틱 피자를 파는 제 방의 가짜 레스토랑과는 차원이 다를 게 당연했어요. 이건 진짜 사업이 될 것이고 근사할 거라고 생각했습니다.

㉠집 안에서 찾을 수 있는 재료로 머리띠를 만드는 것부터 시작했습니다. 가진 건 별로 없었지만 제게는 **비전**˚이 있었어요. 그걸 현실로 만들어 내고 싶었죠. 일을 계속하면서 모자와 스카프, 가방과 같은 새로운 아이템들을 만드는 법을 배웠습니다. 저는 이윤의 10 %를 지역 및 세계 자선 단체들과 환경과 여성의 권리를 위해 일하는 단체에 기부하고 싶었어요. 사회 환원이 얼마나 중요한지 아니까요.

상품들뿐만 아니라 저만의 로고도 직접 만들었습니다. 고객 상담도 하고 **브랜딩**˚과 마케팅을 연구했어요. 코딩의 세계에 발을 들여놓고 HTML˚을 독학으로 배워서 열 살 때 제 공식 웹사이트를 만들기도 했죠. 비유적으로든 말 그대로든 거기 올린 모자들 중에 제가 쓸 것 같지 않은 건 정말 하나도 없었어요.

사업이 성장하면서 아이템들을 온라인으로 팔기 시작했습니다. 이탈리아와 덴마크, 오스트레일리아, 일본 등 전 세계로 물건이 팔려 나갔죠. 열 살 때 『포브스』˚에서 저와 제 사업에 대한 기사를 싣고 싶다고 연락이 왔어요. 그렇게 텔레비전 프로그램과 온갖 잡지에 제 얼굴이 나오기 시작했습니다. ㉡가슴이 벅차올랐어요. 여덟 살 때 떠올렸던 아이디어 하나가 눈덩이처럼 커지더니 이런 여러 가지 기회를 내게 가져다줬다는 게 믿기지가 않았어요. 크든 작든 자신의 아이디어 하나하나에 관심을 갖는 게 얼마나 중요한지를 보여 주는 것이죠. 머릿속에 언뜻 떠오른 아이디어를 그냥 스쳐 지나가게 내버려두지 마세요. 자신의 생각에 귀를 기울이세요.

가장 성공적인 연설가들도 다 긴장을 합니다. 내가 과연 세상과 맞붙을 수 있을지 모르면서 세상과 맞붙는 게 진정한 자신감이죠. 자신의 감정과 친구가 되어야 해요. 감정에게 운전대를 맡기고 마음대로 가게 둘 수는 없습니다. 긴장감

- **비전**(vision) 내다보이는 장래의 상황. 전망.
- **브랜딩**(branding) 상품의 이미지만으로 상품과 회사를 알리는 마케팅의 한 방법.
- **HTML**(Hyper Text Markup Language) 웹 문서를 만들기 위하여 사용하는 기본적인 웹 언어의 한 종류.
- **포브스**(Forbes) 미국의 출판 및 미디어 기업이며, 포브스 잡지가 주력 출판물임.

은 뒷좌석에 앉혀 놓으세요. 계속 같이 가면서도 무대 위에서 멋지게 성공할 수 있습니다. 정말이에요. 전 공개 연설을 많이 합니다. 아직도 긴장을 하지만 전 **프로**예요. 자신의 목소리가 중요하다는 것을 기억하는 게 중요합니다.

ⓒ **비평가**들이 여러분 앞을 막아설 수는 있지만 결코 여러분의 즐거움을 빼앗지는 못해요. 일이 두려워지거나 힘들어지더라도 즐거움을 훔쳐 갈 수는 없습니다. 왜냐하면 그건 여러분만의 것이니까요. 여러분이 끊임없이 앞으로 나아가며 의욕을 잃지 않는다면 결국 중요한 것은 바로 즐거움이에요. 저를 따라서 다 함께 외쳐 봐요.

ⓓ "나는 강하다. 나는 똑똑하다. 나는 멋지다. 나는 내면과 외면이 모두 아름답다. 나는 마음만 먹으면 무엇이든 이룰 수 있다. 나는 언제나 목표를 향해 전진할 것이다. 나는 다른 소녀들을 응원하고 지지할 것이다. 그리고 다른 소녀들 역시 나를 응원하고 지지해 줄 것이다. 나는 할 수 있다. 우리는 할 수 있다!"

● **프로**(professional) 어떤 일을 전문으로 하는 사람. 전문가.

● **비평가**(批 비평할 비, 評 품평 평, 家 집 가) 무엇의 옳고 그름, 좋고 나쁨 등을 따지는 것을 전문으로 하는 사람.

 **구조읽기** 빈칸에 알맞은 낱말을 써넣으며 내용을 정리해 보세요.

정답 및 해설 38쪽

처음	❶ ☐☐ 는 여덟 살 때 호기심과 환경에 대한 사랑, 예술과 디자인에 대한 열정을 가지고 자신의 회사를 시작함.
가운데	• 마야는 비전을 현실로 만들어 내고 싶었고, 일을 하면서 새로운 아이템들을 만드는 법을 배움. • 로고도 직접 만들고, 고객 상담도 하고 브랜딩과 마케팅을 연구하고, HTML을 독학으로 배우면서 회사를 운영함. • 사업이 성장하면서 아이템들을 ❷ ☐☐☐ 으로 팔기 시작했고, 전 세계로 물건이 팔려 나가며 알려지기 시작함. • 머릿속에 떠오른 아이디어, 자신의 생각에 귀를 기울여야 함. • 자신의 감정을 잘 다루어야 하고, 자신의 목소리가 중요하다는 것을 기억하는 게 중요함. • 끊임없이 앞으로 나아가며 의욕을 잃지 않는다면 결국 중요한 것은 ❸ ☐☐☐ 임.
끝	마야와 다른 소녀들은 서로 ❹ ☐☐ 하고 지지할 것임.

2 회독 빈칸을 채우지 못했다면 다시 **꼼꼼히** 읽어요!

1 마야가 이 글을 통해 말하고자 하는 것으로 알맞은 것에 ○표 하세요.

(1) 성공적인 연설가들도 다 긴장을 한다. (   )

(2) 호기심과 열정이 있으면 무엇이든 해낼 수 있다. (   )

(3) 신중하고 꼼꼼하게 준비하고 시작하는 것이 중요하다. (   )

2 이 글에서 확인할 수 <u>없는</u> 내용은 무엇인가요? (   )

① 마야가 처음으로 만든 상품

② 마야가 상품 제작 외에 한 일

③ 마야가 처음 회사를 만든 나이

④ 마야의 부모님이 해 주신 조언

⑤ 마야의 가슴이 벅차올랐던 순간

3 ㉠ ~ ㉢에 드러나는 연설의 특징으로 알맞은 것을 연결하세요.

(1) ㉠ •

(2) ㉡ •

(3) ㉢ •

(4) ㉣ •

• ① 자신의 경험을 진솔하게 전달하여 듣는 이에게 용기를 준다.

• ② 간결한 문장을 사용하여 말하고자 하는 바를 명확하게 전달한다.

• ③ 어려움이 닥쳐도 잃지 말아야 할 것을 강조하며 듣는 이의 마음에 감동을 불러일으킨다.

• ④ 자신이 유명해진 순간과 그때 느낀 감격을 솔직하게 말하며 듣는 이의 공감을 이끌어 내었다.

4 이 글을 읽고 생각이나 느낌을 알맞게 말한 친구의 이름에 ○표 하세요.

예슬

마야가 언제, 어떤 마음으로 사업을 시작했는지 알려 주었다면 더 많은 사람의 공감을 끌어낼 수 있었을 텐데 아쉬워.

마야가 회사를 운영하면서 겪었던 어려움의 사례와 그것을 극복하면서 얻은 교훈도 궁금해. 함께 소개해 주면 좋았을 것 같아.

한들

지안

마야가 자신의 긴장감을 어떻게 다루는지 비유적으로 표현해서 재미있었어. 마야의 경험을 모두 비유적 표현으로 나타내면 좋겠어.

5 이 글과 달리 다음 연설에서 사용한 설득 전략으로 알맞은 것에 ○표 하세요.

"모든 국민은 법 앞에 평등하다. 누구든지 성별, 종교 또는 사회적 신분에 의하여 정치적·경제적·사회적·문화적 생활의 모든 영역에 있어서 차별을 받지 아니한다."라는 대한민국 헌법에 담긴 평등 정신을 되새기는 기회가 되었기를 바랍니다.

(1) 구체적인 수치를 제시하여 자기의 주장을 뒷받침하고 있다. (   )
(2) 권위 있는 자료를 통해 논리적으로 설득하고 있다. (   )
(3) 듣는 이의 감정에 호소하고 있다. (   )

가장 인상 깊은 부분을 요약하거나 문장을 옮겨 적어도 좋아요. 그리고 왜 그 부분을 골랐는지 마야에게서 배울 점이나 설득된 점을 바탕으로 정리해 보세요.

6 마야의 연설에서 가장 인상 깊은 부분을 찾아 그렇게 생각한 까닭과 함께 써 보세요.

19 시사성을 가진 주장하는 글

주장하는 글에 사회적 문제나 현상에 대한 입장이나 의견이 담겨 있는 경우 시사성을 띠고 있다고 해요. 글쓴이의 관점이 타당한지 파악하며 읽으면 사회에서 일어나는 일을 비판적으로 바라보는 눈을 기를 수 있어요.

↳ 시사성을 가진 주장하는 글 읽는 방법 · 글쓴이의 주장이 어떤 가치와 의미가 있는지, 또 그 내용이 사회에 끼칠 영향은 어떠한지 생각하며 읽어야 함.

· 같은 주제에 대해 글쓴이마다 서로 다른 입장과 주장을 가질 수 있기 때문에 글쓴이가 어떤 관점에서 문제를 바라보고 있는지 파악하면서 읽는 것이 중요함.

확인 문제를 풀어 보며 개념을 익혀요.

1~2 다음 괄호 안에 들어갈 알맞은 낱말에 ○표 하세요.

1 (객관성 , 시사성)이란, 그 당시에 나라 안팎에서 일어나는 여러 가지 사회적 사건이 갖고 있는 시대적 성격 및 사회적 성격을 말한다.

2 시사성을 가진 주장하는 글은 사회적 문제나 현상에 대한 글쓴이의 (불만 , 입장)을 밝힌 글로, 같은 주제에 대해 서로 다른 주장을 가질 수 있다.

3~4 다음 빈칸에 들어갈 알맞은 낱말을 보기에서 찾아 쓰세요.

3

보기
근거   요약   문제

주장하는 글에 들어가야 할 내용
(1) 서론 ➡ 글을 쓴 (   ) 상황과 글쓴이의 주장
(2) 본론 ➡ 글쓴이의 주장에 대한 적절한 (   ) 제시
(3) 결론 ➡ 글의 내용을 (   )하고 글쓴이의 주장을 다시 한번 강조

4

보기
관점   영향   주장

시사성을 가진 주장하는 글 읽는 방법
(1) 글쓴이가 어떤 (   )에서 문제를 바라보고 있는지 파악하면서 읽어야 한다.
(2) 글쓴이의 (   )이 어떤 가치와 의미가 있는지 생각하며 읽어야 한다.
(3) 글쓴이의 주장이 사회에 끼칠 (   )은 어떠한지 생각하며 읽어야 한다.

공룡 화석은 인류의 유산이다

1회독

🔖 글쓴이의 주장에 ◯

🔖 사회적 문제나 현상에 〰️

🔖 주장을 뒷받침하는 근거에 [   ]

1 최근 티라노사우루스의 조상인 육식 공룡 고르고사우르스의 화석이 경매에 나와 약 80억 원에 팔려 화제다. **사유지**˚에서 발견된 화석에 대해 별다른 규정이 없는 미국에서는 이처럼 화석이 경매로 판매되는 것이 처음 있는 일은 아니다. 공룡 화석을 수집하는 **부호**˚들은 해가 갈수록 증가하고 있으며, 경매 시장에서의 낙찰가도 매년 **경신되고**˚ 있다. 하지만 역사적·과학적으로 매우 중요한 연구 자료인 공룡 화석을 상업적으로 거래하고 사적으로 소유하는 것에 대한 우려의 목소리도 끊이지 않고 있다.

2 공룡 화석을 단지 미술품으로 취급하여 상업적인 목적으로 발굴하다 보면 그릇된 방법으로 취급할 수 있다. 실제로 공룡 화석에 대한 수요는 무분별하고 불법적인 발굴과 밀수로 이어졌다. 게다가 이 과정에서 중장비를 사용하여 유적지와 자연환경을 함부로 훼손하고 있다.

▲ 거대한 공룡의 꼬리 화석을 발굴하는 모습

3 학자들이 발견한 화석만으로 연구했다면, 지금과 같은 수준의 연구를 이루어 내기 어려웠을 것이라는 주장도 있다. 공룡 화석을 팔면 돈이 된다는 것을 알기 때문에 많은 사람이 발굴에 뛰어들고 있는 것이므로, 현재 발굴된 화석 중에서 상당량은 상업적인 목적이 없었다면 아직 땅속에 그대로 묻혀 있었을 것이다.

4 하지만 거대한 화석을 발굴한 뒤 소장하고 관리하는 것은 쉬운 일이 아니다. 개인이 화석을 구매해서 전문적으로 보관하지 못한다면 화석이 훼손될 수도 있다. 이것은 귀중한 연구 자료가 제대로 보존되지 못하고 사라진다는 뜻이다.

5 공룡 화석 수집 열풍은 박물관 등의 기관 입장에서도 달갑지 않다. 한 고생물학·진화학 교수는 CNN과의 이메일 인터뷰에서 ㉠"공룡 뼈대가 수백만 달러에 거래되는 세상에서, 그렇게 부풀려진 가격을 감당할 수 있는 과학자와 박물관이 어디에 있겠는가."라고 반문했다. 보통 기관은 예산이 제한되어 있는데, 공룡 화석이 경매에 나오면 가격이 지나치게 치솟아 박물관과 같은 기관이 구매하기 어렵기 때문이다. 금전적인 부분뿐만 아니라 인원 또한 한정적이므로 발굴 작업이나 경매에 참여하는 횟수가 적을 수밖에 없다.

● **사유지**(私 사사로울 사, 有 있을 유, 地 땅 지) 개인이 가진 땅.

● **부호**(富 부유할 부, 豪 지게 호) 재산이 넉넉하고 세력이 있는 사람.

● **경신**(更 고칠 경, 新 새 신)**되다** 어떤 분야의 종전 최고치나 최저치가 깨지다.

6 물론 구매한 화석이 과학자의 연구와 대중을 위한 전시에 사용될 수 있도록 하는 경우도 있다. 2020년 10월에는 전 세계에서 가장 완벽한 형태로 발굴됐다고 평가받는 티라노사우루스 렉스 화석 '스탠(Stan)'이 약 414억 원에 팔리면서 가장 높은 공룡 화석 낙찰가로 신기록을 세웠다. 당시 고생물학계에서는 스탠을 영영 잃을 수도 있다고 우려했지만, 이를 소유한 아랍 에미리트 아부다비 문화 관광부가 스탠을 2025년 현지에 개관하는 자연사 박물관에 전시하기로 했다. 하지만 이는 고생물학계 입장에서 매우 운이 좋은 경우다.

7 공룡 화석은 단순한 수집품이 아니라 인류의 역사와 자연사를 이해하는 중요한 연구 자료이다. 공룡 화석의 무분별한 상업적 거래와 사적 소유는 과학적 연구를 방해하고, 유적지와 자연환경을 훼손시키며, 귀중한 자료의 보존을 위협한다. 따라서 공룡 화석의 발굴과 보존, 거래에 대한 엄격한 **규제**가 필요하다. 정부와 관련 기관들은 협력하여 공룡 화석이 과학적 연구와 대중의 교육을 위해 사용될 수 있도록 보장해야 한다. **궁극적**으로 공룡 화석이 인류 전체의 유산임을 인식하고, 이를 보호하고 보존하는 데에 힘써야 한다.

- **규제**(規 법 규, 制 억제할 제) 규칙·법·관습 등을 넘지 못하게 막음.
- **궁극적**(窮 다할 궁, 極 지극할 극, 的 과녁 적) 맨 마지막의 목표에 도달하는 것.

구조읽기 빈칸에 알맞은 낱말을 써넣으며 내용을 정리해 보세요.

정답 및 해설 **40**쪽

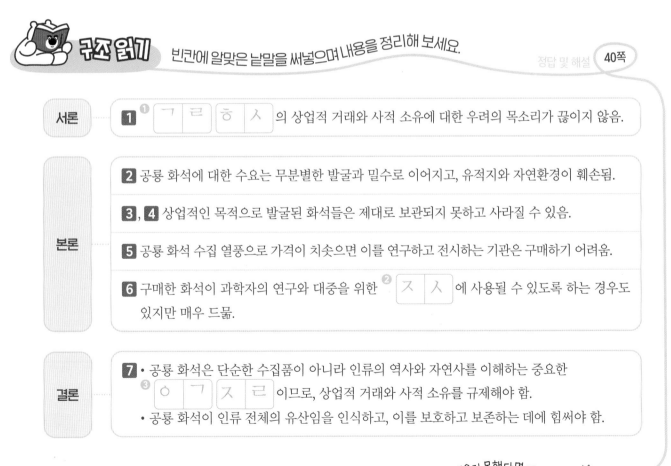

서론	1 ① ㄱㄹㅎㅅ 의 상업적 거래와 사적 소유에 대한 우려의 목소리가 끊이지 않음.

본론	2 공룡 화석에 대한 수요는 무분별한 발굴과 밀수로 이어지고, 유적지와 자연환경이 훼손됨.
	3, 4 상업적인 목적으로 발굴된 화석들은 제대로 보관되지 못하고 사라질 수 있음.
	5 공룡 화석 수집 열풍으로 가격이 치솟으면 이를 연구하고 전시하는 기관은 구매하기 어려움.
	6 구매한 화석이 과학자의 연구와 대중을 위한 ② ㅈㅅ 에 사용될 수 있도록 하는 경우도 있지만 매우 드묾.

결론	7 • 공룡 화석은 단순한 수집품이 아니라 인류의 역사와 자연사를 이해하는 중요한 ③ ㅇㄱㅈㄹ 이므로, 상업적 거래와 사적 소유를 규제해야 함.
	• 공룡 화석이 인류 전체의 유산임을 인식하고, 이를 보호하고 보존하는 데에 힘써야 함.

2회독 빈칸을 채우지 못했다면 다시 꼼꼼히 읽어요!

1 공룡 화석에 대한 글쓴이의 주장으로 알맞은 것에 ○표 하세요.

(1) 발굴과 보존, 거래에 대한 엄격한 규제가 필요하다. (　　　　)

(2) 상업적 거래와 사적 소유를 존중해야 한다. (　　　　)

2 글쓴이의 주장을 뒷받침하는 근거로 알맞지 <u>않은</u> 것은 무엇인가요?

(　　　　)

① 공룡 화석을 개인이 관리하는 것이 쉽지 않아 화석이 훼손될 수 있다.

② 공룡 화석 수집 열풍 덕분에 귀중한 연구 자료가 많이 발굴될 수 있었다.

③ 공룡 화석에 대한 수요는 무분별하고 불법적인 발굴과 밀수로 이어졌다.

④ 공룡 화석의 가격이 지나치게 높아 정작 필요한 기관은 구매하지 못한다.

⑤ 공룡 화석을 상업적 목적으로 발굴하면 잘못된 방법으로 취급할 수 있다.

3 이 글에서 다루고 있는 사회적 문제나 현상을 알맞게 말한 것에 ○표 하세요.

(1) 박물관의 예산이나 인원이 한정적인 것 (　　　　)

(2) 아직 땅속에 묻혀 있는 공룡 화석이 많다는 것 (　　　　)

(3) 공룡 화석을 상업적으로 거래하고 사적으로 소유하는 것 (　　　　)

4 이 글의 글쓴이와 비슷한 입장을 가진 친구의 이름에 ○표 하세요.

공룡 화석은 인류의 역사와 자연사를 이해하는 중요한 연구 자료야. 이런 유물은 미술품과는 달라. 그런 공룡 화석을 미술품처럼 현관 입구를 장식하는 데에 쓰는 것은 문제가 있다고 생각해. 연구와 교육에 우선 활용될 수 있도록 규제가 필요해.

준우

화석이 인기를 끌면서, 화석을 전문적으로 발굴하여 판매하는 회사도 생겼대. 그리고 이 회사들은 전 세계의 박물관을 주요 고객으로 삼고 있어서, 상품 중 70~80%를 연구 기관에 판매하고 있다고 밝혔어. 오히려 전문가들은 연구에 집중할 수 있으니까 좋잖아.

예슬

5 ㉠의 의미를 바르게 이해하여 말한 것에 ○표 하세요.

(1) 공룡 화석이 비싼 가격에 거래되면서 더 많은 사람들이 고생물학에 관심을 가지게 되고, 이는 결국 과학계의 발전을 가져올 것이라는 희망적인 이야기를 하고 있다. (   )

(2) 공룡 화석이 높은 가격에 거래되면서 사람들의 관심을 끌 수는 있겠지만, 실제로 과학자와 박물관이 감당할 수 없는 가격이어서 연구와 교육에 부정적인 영향을 미친다는 점을 비판하고 있다. (   )

6 이 글에 나타난 주장을 뒷받침할 수 있는 자료로 알맞은 것을 두 가지 고르세요.
(   )

① 공룡 화석을 개인이 소장하고 보관하면서 생긴 훼손 상태 사진
② 최근 거래된 공룡 화석의 가격과 박물관의 예산을 비교하는 표
③ 공룡 화석을 거액에 구매한 뒤에 박물관에 기부하는 부자들의 인터뷰
④ 화석 거래 활성화 이후, 화석에 관심이 생긴 일반인이 늘어났다는 통계 자료
⑤ 화석 거래 활성화 이후, 전문가가 화석을 발굴하는 데 드는 시간과 비용이 줄었다는 분석 그래프

> 글쓴이는 어떤 관점에서 문제를 바라보고 있는지 파악해 보고, 그 내용이 사회에 끼칠 영향을 생각하며 의견을 정리해 보아요.

7 공룡 화석의 상업적 거래와 사적 소유에 대한 의견을 정하고, 그렇게 생각한 까닭을 알맞게 써 보세요.

나는 공룡 화석의 상업적 거래와 사적 소유에 대해 (찬성한다 , 반대한다).

왜냐하면 _____

_____

_____

20 희곡에 나타난 **복선**

모든 사건에는 원인이 있기 때문에 그 사건이 일어난 까닭을 풀 수 있는 단서를 찾아보고, 이 야기에 직접 드러나 있지 않은 내용을 추론하며 읽으면 좀 더 깊고 넓게 내용이나 상황을 이해 할 수 있어요.

→**복선** • 앞으로 전개될 사건을 미리 짐작하게 하는 장치를 복선이라고 함.

• 어떤 사건이 우연히 일어난 것이 아니라는 인상을 주기 위해 미리 그 사건의 가능성을 암시 해 두는 것.

개념 확인

확인 문제를 풀어 보며 개념을 익혀요.

1~3 **다음 빈칸에 들어가기 알맞은 낱말을 보기에서 찾아 쓰세요.**

┤ **보기** ├

추론   복선   단서

1 어떤 일이나 사건이 일어난 까닭을 풀 수 있는 실마리를 (   )라고 한다.

2 문학 작품에서는 앞으로 일어날 사건에 대하여 단서가 될 것을 미리 독자에게 넌지시 알려 주는 장치들이 있는데 이러한 장치를 (   )이라고 한다.

3 문학 작품을 읽을 때에는 글에 직접 드러나 있지 않은 내용도 단서나 복선을 통해 미루어 짐작하며 읽어야 하는데 이를 (   )하며 읽기라고 한다.

4~6 **다음과 같은 문장을 통해 앞으로 전개될 사건의 분위기를 알맞게 짐작한 것에 ○ 표 하세요.**

4 새침하게 흐린 품이 눈이 올 듯하더니 눈은 아니 오고 얼다가 만 비가 추적추적 내리는 날이었다.

(행복한 / 슬픈) 내용

5 길었던 장마가 끝나고 잔뜩 찌푸렸던 하늘이 맑게 개었다.

(행복한 / 슬픈) 내용

6 터벅터벅 시골길을 걷던 발끝 너머로 네잎클로버 하나가 눈에 띄었다.

(행복한 / 슬픈) 내용

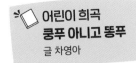
라면 한 줄

엄마: 아가야, 세상은 커다란 쥐덫이란다. 항상 조심, 또 조심해야 해.

라면한줄: 알아요. 하지만……. (고개를 번쩍 들며) 앗, 이 냄새는 뭐지?

엄마: (침을 삼키고) 빨간 국물이 묻은 동태 머리구나.

라면한줄: 동태 머리요?

엄마: ㉠그 가게에 가려면 쪼르르 육십 번은 했을 텐데.

라면한줄: 우아! 육십 번? 저도 가 보고 싶어요.

엄마: 엄마가 말했지. 세상은 커다란 쥐덫이라고.

갑자기 라면한줄이 무언가에 홀린 듯 입을 벌리고 코를 킁킁대며 한쪽으로 간다.

라면한줄: 아! 머리가 핑 돌 정도로 먹고 싶은 냄새예요.

엄마: (코를 벌룽벌룽하며) 이건 삼겹살 냄새야.

라면한줄: 삼겹살?

엄마: 불에 구운 돼지고기란다. 아! 정말 오랜만이구나.

라면한줄: 엄마는 이 냄새를 어떻게 알아요?

엄마: 예전에 먹어 봤지. 세상을 멋지게 쪼르르, 쪼르르, 다닐 때.

라면한줄: 우아! 정말 대단해요. ㉡엄마에게 세상은 쥐덫이 아니었군요.

엄마: ㉢쥐덫? 쥐덫? (주위를 살피며 두려워한다.)

라면한줄: 엄마, 갑자기 왜 그러세요?

엄마: 아가야, 세상은…….

라면한줄: 알겠어요, 쥐덫! **명심할게요˚**. 그런데…… 삼겹살 맛은 너무 궁금해요.

엄마: 삼겹살은…… (입맛을 다시며) 음, 뭐랄까? 한 번 먹으면 며칠 동안 배가 고프지 않았어. 막 힘이 나던걸.

라면한줄: 저도 먹고 싶어요. 이건 쪼르르 몇 번이나 해야 해요?

엄마: 한 백 번쯤?

라면한줄: 그렇게 먼 곳이에요? ㉣제가 삼겹살을 먹는 날이 올까요?

하수구˚ 안, 하수구시의 광장.

시장: (앞으로 나서며) 요즘 삼겹살집 근처에 매일 나타나는 악당이 있습니다. 우리의 삼겹살을 혼자서 차지하고 있다지요.

● **명심**(銘 새길 명, 心 마음 심)하다 잊지 않도록 마음에 깊이 새겨 두다.

● **하수구**(下 아래 하, 水 물 수, 溝 도랑 구) 빗물이나 집, 공장, 병원 등에서 쓰고 버리는 더러운 물이 흘러내려 가도록 만든 도랑.

배부른이: 우리는 이제 삼겹살을 포기해야 하는 건가요?

시장: (주먹을 불끈 쥐고) 포기라니요! 삼겹살집 쓰레기봉투는 우리 겁니다.

겁쟁이: 방법이 없잖아요.

시장: 제가 누굽니까? **시궁쥐**˚의 천국 하수구시의 시장 아닙니까? 쫄깃쫄깃한 삼겹살도 먹고, 외눈박이도 피하는 방법을 찾았습니다. 바로 저겁니다.

느림보가 방울을 꺼내 흔들고, 시장에게 준다.

배부른이: 그런데 누가 고양이 목에 방울을 달죠?

시장: 나타났습니다. 고양이 목에 방울을 걸 용감한 전사!

모두 라면한줄을 쳐다본다.

시장: 여기 모든 시궁쥐들이 너를 라면 한 줄밖에 못 구해 오는 겁쟁이라고 얕보지만, 난 네가 용감한 시궁쥐라는 걸 알고 있단다.

라면한줄: 정말요?

시장: 지금 당장 출발해야 한다. 외눈박이가 낮잠을 자는 동안 방울을 달아야 하니까.

라면한줄: 제, 제가요? 어떻게요?

시장: 너에겐 영웅의 피가 흐르잖니. 네 아버진 전설적인 영웅 '쥐덫을 부순 쥐'니까 말이야.

● **시궁쥐** 하수구, 창고, 마루 밑처럼 사람이 사는 곳 가까이에 사는 쥐.

 **구조읽기** 빈칸에 알맞은 낱말을 써넣으며 내용을 정리해 보세요.

정답 및 해설 42쪽

엄마는 라면한줄에게 세상은 커다란 ❶ ㅈ ㄷ 이기 때문에 항상 조심해야 한다고 말함.

⬇

라면한줄은 삼겹살 냄새를 맡고 ❷ ㅅ ㄱ ㅅ 을 먹고 싶어 함.

⬇

하수구시의 시궁쥐들은 고양이 외눈박이 때문에 삼겹살을 포기해야 하는 상황에 처했지만, 시장은 외눈박이 목에 ❸ ㅂ ㅇ 을 달 것을 제안하였고, 그 임무를 라면한줄이 맡게 됨.

2회독 빈칸을 채우지 못했다면 다시 **꼼꼼히** 읽어요!

1 이 이야기의 내용과 일치하지 <u>않는</u> 것은 무엇인가요? (   )

① 엄마는 라면한줄이 세상을 멋지게 누비며 다니기를 바란다.

② 라면한줄은 동태 머리와 삼겹살을 한 번도 먹어 본 적이 없다.

③ 시장은 라면한줄이 고양이 목에 방울을 달 수 있다고 생각한다.

④ 시장은 삼겹살을 먹기 위해 외눈박이 목에 방울을 달려고 한다.

⑤ 삼겹살집은 동태 가게보다 라면한줄이 있는 곳에서 더 멀리 있다.

2 이 이야기에 나타난 엄마의 성격을 나타낼 수 있는 속담으로 알맞은 것은 무엇인 가요? (   )

① 고양이 목에 방울 달기

② 이 없으면 잇몸으로 산다

③ 뛰는 놈 위에 나는 놈 있다

④ 구더기 무서워 장 못 담글까

⑤ 돌다리도 두들겨 보고 건너라

3 ㉠~㉣ 중 다음 내용이 단서가 되는 인물의 말이나 행동을 찾아 기호를 쓰세요.

> 시장: 네가 태어나기 훨씬 전, 악독한 생선 가게 주인 털보가 있었지. 털보는 네 엄마가 잡힌 쥐덫을 들고 휘파람을 불었어. 휘리릭, 휘휘, 휘리릭, 휘휘. 그러다 갑자기, 으악, 소리를 지르고 쥐덫을 떨어뜨렸지.
>
> 라면한줄: 왜요? 왜요?
>
> 시장: 난데없이 웬 쥐 한 마리가 쏜살같이 달려와서 털보의 발뒤꿈치를 찍, 하고 물어 버렸거든!

(   )

4 이 이야기에 나타난 복선을 알맞게 말한 친구의 이름에 ○표 하세요.

'동태 머리' 냄새는 라면한줄이 하수구시의 시장과 만나게 될 것을 보여 주는 복선이었어.

지안

고양이 목에 달기로 한 '방울'은 앞으로 하수구시에는 아무도 살지 않게 될 것을 짐작하게 하는 복선이야.

서연

'영웅의 피가 흐른다'는 표현은 라면한줄이 고양이 목에 방울을 달러 가게 될 것을 짐작하게 하는 복선이야.

승민

5 다음 앞부분의 내용을 참고하여 알맞게 추론한 것을 고르세요. (   )

> 엄마: 오늘은 그냥 돌아갈까?
> 라면한줄: 그럼 굶어야 하잖아요. 금방 다녀올게요. 쪼르르 세 번만 하면 되니
> 까요. (주위를 살피고 기며) 쪼르르 한 번. (다시 살피고 기며) 쪼르르 두 번.
> (다시 살피고 기며) 쪼르르 세 번. 다 왔다!
>
> 라면한줄이 후루룩 라면집 쓰레기통에서 라면 한 가락을 꺼낸다.

① 라면한줄은 조심성이 없어서 항상 엄마의 걱정을 샀다.
② 라면집은 가장 가까워서 다른 시궁쥐들과 경쟁이 심했다.
③ 엄마는 예전에 세상을 멋지게 다닐 때부터 라면을 좋아했다.
④ 라면한줄은 세상은 쥐덫이라는 엄마의 말에 동의하지 않는다.
⑤ 엄마와 라면한줄은 먹이를 구하러 멀리 가지 못하고 자주 굶는다.

6 이 이야기에 나온 '쥐덫'은 엄마의 행동에 영향을 준 글감입니다. 다음 글에서 '쥐 덫'과 같은 역할을 하는 두 글자 낱말을 찾아 ○표 하세요.

> 친구들은 철수가 이상해졌다고 생각했다. 갑자기 안 하던 청소를 하고 사
> 물함도 정리하고, 선생님이 시키지 않았는데 칠판도 지웠다. 심지어 친구들
> 한테도 잘해 준다. 분명 일주일 전만 해도 욕을 달고 살았는데. 친구에게 심
> 한 욕을 해서 꾸지람을 들은 날, 철수는 복도 한구석에서 쪽지를 발견했고 갑
> 자기 다른 사람이 되었다. 도깨비가 두고 간 마법의 쪽지였나, 아니면 선생님
> 의 비밀 편지였나. 어쨌든 철수의 변화는 모두에게 대환영이었다.

> 뒷이야기는 앞의 내용과 자연스럽게 이어져야
> 해요. 사건이 원인과 결과의 관계로 잘
> 연결되는지 생각하여 이어 쓰면 좋아요.

7 이 글에 나타난 복선을 떠올리며 뒷이야기를 상상하여 간략하게 써 보세요.

📷 사진 출처

국가유산청	www.khs.go.kr
국립중앙박물관	www.museum.go.kr
서울특별시 농업기술센터	agro.seoul.go.kr
셔터스톡	www.shutterstock.com/ko
연합뉴스	www.yna.co.kr
한국민족문화대백과사전	encykorea.aks.ac.kr
한국방송광고진흥공사	www.kobaco.co.kr

달달 읽고 **곰곰** 생각하는
달곰한 시리즈

NE 능률

어휘 강화!
교과 학습
기본기 강화

독해 강화!
분석력, 통합력,
사고력 강화

달곰한 문해력
기본서

초등교사 100인 추천!
'3회독 학습법'으로
문해력 기본기를 다져요.

달곰한 문해력
초등 어휘

'낱말밭 어휘 학습'으로
각 학년 필수 교과 어휘를
완성해요.

**학습의
순환 구조에 따른**
어휘력, 독해력
상호 강화!

달곰한 문해력
초등 독해

초등 최초! '주제 연결 독해법' 도입!
하나의 주제로 연결된
2개의 글을 읽어요.

초등 국어 교과에서 뽑은

단계별 개념

달콤한 문해력 기본서

2022 개정 교육과정에서 배우는
국어 교과 개념 200개를 다루었어요.

초등 국어 독해력 완성 단단한 문해력

정답 및 해설

초등 6단계 A

초6~예비 중1 추천

5~6학년, 예비 중1 추천

달달 읽고 곰곰 생각하는

3회독 학습법
- 안변에 읽기
- 꼼꼼히 읽기
- 주도적 읽기

평생 학습력

달달 읽고 곰곰 생각하는

달곰한

문해력 기초 독해

초등
6단계
A

5~6학년, 예비 중1 추천

정답 및 해설

지문을 다시 한 번 꼼꼼하게 읽어 보아요. 자신만의 읽기 방법이 만들어질 거예요.

정답 확인

08 글 안에 쓰이는 속담

- 속담을 사용하면 좋은 점에 ○
- 이야기에서 인물의 성격을 알 수 있는 행동에 ~~~~
- 속담과 속담이 사용된 상황에 [ ]

나의 읽기 방법은
글을 읽는 방법에 따라 잘 읽었는지 확인해 보세요.

문해력의 기본은 어휘!
새로운 지문을 만날 때마다 새로운 어휘도 익혀 보세요.

★ 새롭게 알게 된 낱말이나 어려운 낱말을 써 보세요.

3회독 ★ 내가 표시한 내용과 예시 답을 비교하며 읽어 보세요.

경험을 통해 연계 된 삶의 지혜, 속담

예로부터 사람들은 입에서 입으로 전해 내려오는 속담에는 우리 민족의 생각과 지혜가 담겨 있어요. [여럿 삶이나 차이 나는 행위에 덤비는 동작들을 보고 '하릇강아지 범 무서운 줄 모른다더니.'] 라고 말하면 그 의미가 바로 와닿지 않나요? 이 렇듯 속담은 짧은 문장으로 자신의 생각을 쉽게 효과적으로 전달할 수 있고, 듣는 사람 또한 흥미를 느낄 수 있어요. 속담이 쓰이는 상황을 생각하며 다음 이야기를 읽어 봅시다.

▶ 속담이란, 예로부터 사람들의 입에서 입으로 전해 내려오는 짧은 문장이 비유적인 표현으로 우리 민족의 생각과 지혜가 담겨 있어요.

햇살 아는 이른 마을에 이름이 '강'인 아저씨가 살았습니다. 강 아저씨는 그가 기억할 수 있는 모든 순간을 바다에서 보냈다고 해요. 글을 익히기도 전에 아버지께 그물을 나타는 법을 배웠고, 친구들과 뒷산에서 노는 것보다 배 위에서 시간을 보내는 것을 좋아했죠. 집에 돌아와 어린 강 아저씨를 무릎에 앉혀 놓고 도란도란 이야기를 나누며 그물을 다시 뜨는 것이 아버지의 즐거움이기도 했어요.

"강아, 여기 구멍 뚫린 곳 보이지? 이 구멍 꼼꼼히 다시 뜨지 않으면 아무리 열심히 바다로 고기가 구멍 사이로 다 도망을 가 버리고 만단다."

"아이고, 내 새끼, 그 묘리 아니라, 그물의 이 매듭을 꼬리고 한단다."

옛날 아는 이른 마을에 이름이 '강'인 아저씨가 살았고, 강 아저씨는 어린 시절 대부분을 아버지를 따라 바다에서 보냈어요.

강 아저씨가 그때 아버지의 나이가 될 때까지 평생을 바다에서 보낸 것은 엄마 일이 아니라, 하늘 다섯에 딸 낮에 딸아 실리 식구들이 많았기 때문이에요. 늙은 어머니와 아직, 오늘 다섯에 고기를 잡기도 했어요. 편면 새벽부터 바다에 나가서 힘들 정도로 고기가 잡히지 않아 강 아저씨의 시름은 날로 두가 고기반찬을 배부르게 먹을 수 있을 만큼 고기를 낮에 받은 모은 먹을 쌓을 사기고 했습니다.

▶ 강아지씨는 가족들을 먹여 살리기 위해 평생을 바다에서 보냈어요.

어느 때처럼 이른 새벽부터 바다에 나간 어느 날, 강 아저씨가 들어 올린 그물에 커다란 거북이 낚였어요. 강 아저씨는 슬픈 눈으로 쳐다보는 거북을 다시 바다로 돌려보냈어요. 예로부터 바다거북은 용왕의 자신이라고 하여 신성하게 여겼기 때문이고, / 그런 일이 있고 며칠 뒤부터 신기한 일이 일어났어요. 강 아저씨가 그물을 들어 올리기만 하면 온갖 고기가 가득 낚였어요. 하루 종일 일을 하고 돌아오는 강 아저씨는 잔을 줄여 가며 그물을 다시 뜨고 했어요. 고기가 많이 낚이는 만큼 그물에 구멍도 많아져 전보다 더 많은 시간이 필요했죠. 어느 날은 그물을 다 손질하고 보았더니 동이 트 쪽도 있었어요. 강 아저씨의 아내는 대강하고 싶었지만 강 아저씨는 항상 이렇게 말했어요.

▶ 어느 날 그물에 낚인 바다거북을 놓아주었고, 며칠 뒤부터 온갖 고기가 가득 낚였어

["구멍을 대충 손질해서 고기가 빠져나가면 열심히 일한들 일한들 무슨 소용이 있겠소? 맬 빠르게 두렵 볼 것이지." / "아무리 힘들어도 강 아저씨는 그물을 완벽하게 정비하여 다시 고깃배를 타러 나가곤 했다고 많이요, 모든 것이 바다거북 덕분 이라고 생각하며 감사한 마음을 가지고 많이요.

▶ 강 아저씨는 아무리 힘들어도 그물 손질을 게을리하지 않았어요.

고기가 빠져나가나 열심히 일한 것이 헛되기 않게 하기 위함이요. 이 상황을 이렇게 설명할 수도 있지요. 숙담을 사용해 간단하게 의미를 전달할 수도 있다. '맬 빠진 독에 물 붓기', 아무리 힘을 들여도 보람 없이 헛수고 없이 하는 상태를 뜻해요. 내가 공부하는 자세를 들어보고 혹시 지금 밑 빠진 독에 물 붓기와 같은 행동을 하고 있지는 않은지 생각해 보아요.

▶ 쉽게 설명할 내용을 속담을 사용해 간단하게 의미를 전달할 수 있어요.

주요 단어

1 지혜   2 거북   3 그물   4 단단

잘 읽었나요?
글의 구조를 파악하며
잘 읽었는지 확인해
보세요.

문제 풀이가 아니라 문해력을 향상시키는 가이드입니다.

빠른 정답 확인

58-59쪽

1 (1)ⓒ, (2)ⓐ 2 ② 3 ③,④ 4 ④ 5 지안
6 (2)◯ 7 예시답안 참고

문해력
어떤 과정을 묻는 문제
인지 확인해 보세요

동형이의어 구별하기
1 이 이야기에 쓰인 '보'는 형태는 같으나 뜻이 다른 동형이의어이다. 낱말이 쓰인 문장의 앞뒤 내용을 통해 어떤 뜻으로 쓰였는지 알 수 있다.
• '어린 강 아저씨는 자신의 ⓒ글을 가리키며 어리둥절했어요.',
  "아이고 녀석아, 그 ⓒ공가 아니라"
  → 얼굴 중앙에 튀어나온 부분.
• '이 ⓒ글을 꿈꿈이 다시 살펴보면', "그물이 이 매듭을 @꿈라고 한단다."
  → 그물이나 뜨개질의 코나 실을 꿰는 매듭.

인물의 성격 파악하기
2 '아무리 힘들어도 강 아저씨는 그물을 완벽하게 정비하여 다시 고깃배를 타러 나가곤 했어요.'라는 문장으로 보아, 꼼꼼하고 부지런한 성격이라는 것을 알 수 있다. 따라서 ②'무슨 일이든 대충 한다.'는 강 아저씨의 성격으로 알맞지 않다.

속담의 효과 알기
3 속담은 상황을 짧은 문장으로 간단하게 전달할 수 있고, 듣는 이는 쉽게 이해하고 흥미를 느낄 수 있다.

속담이 쓰이는 상황 알기
4 '나'는 매번 아저씨도 동생 때문에 열심히 일한 지위 봤자 헛수고라는 생각이 들었다고 하였으므로, 이와 같은 상황에 어울리는 속담은 '밑 빠진 독에 물 붓기'이다.

인물과 사건 비교하기
5 흥부는 제비를 살려 주었더니 제비가 은혜를 갚아 금은보화를 얻었고, 강 아저씨는 바다거북을 살려 주었더니 며칠 뒤부터 온갖 고기가 가득 낚였다.

글을 읽고 문제를 풀면서 어떤 점을 잘못 짚었는지 알려주는 도움말

인물의 성격과 사건의 관계 알기
6 아무리 힘들어도 그물을 완벽하게 정비하던 강 아저씨가 그물을 손질하지 않고 그냥 고기를 잡으러 나갔다가 후회하는 상황에 어울리는 속담은 '소 잃고 외양간 고친다'이다.
(1) '소 가는 데 말도 간다': 남이 하는 할 수 있는 일이면 나도 할 수 있다는 말.
(2) '소 잃고 외양간 고친다': 소를 도둑맞은 다음에서야 빈 외양간의 허물어진 데를 고치느라 수선을 떤다는 뜻으로, 일이 이미 잘못된 뒤에는 손을 써도 소용이 없음을 비꼬는 말.

자신의 생각과 비교해 볼 수 있고 생각을 확장시킬 수 있는 예시답안

예시답안
7 예시답안 지난달에 서점에 갔다가 읽고 싶은 책을 몇 권 사서 책꽂이에 잘 꽂아 두었다. 이번 달에도 읽고 싶은 책이 있어서 어머니께 말씀드렸더니 "구슬이 서 말이라도 꿰어야 보배이지. 사서 꽂아만 둘 기면 책을 왜 사는 거니?"라고 하셨다. '구슬이 서 말이라도 꿰어야 보배'라는 속담은 아무리 훌륭하고 좋은 것이라도 다듬고 정리하여 쓸모 있게 만들어 놓아야 값어치가 있음을 비유적으로 이르는 말이다. 책을 사서 꽂아만 놓을 것이 아니라 앞으로는 열심히 읽어야겠다.

어떤 기준으로 생각을 펼쳐 글을 쓰는 것이 좋은지 알려주는 채점 기준

😆	속담의 뜻을 바르게 알고, 그 속담을 활용할 수 있는 상황도 알맞게 제시했습니다.
😐	속담의 뜻은 바르게 알고 있으나, 제시한 상황이 속담과 잘 어울리지 않습니다.
😟	속담의 뜻을 바르게 알지 못하여 그에 어울리는 상황도 알맞게 제시하지 못했습니다.

글을 바르게 이해하고 생각을 펼치기 위해서 어떻게 글을 읽을지 알려주는 도움말

01 운율의 효과

3회독 ← 내가 표시한 내용과 내 답을 교과서와 비교하며 읽어 보세요.

숲속의 아침

시의 분위기를 드러내는 글감에 ○
운율이 느껴지는 부분에 ~
감각적 표현에 [ ]

1연
○숲속에 가면
시의 분위기를 드러내는 글감
비비롱 비비롱
운율이 느껴지는 부분(흉내 내는 말을 사용함)
○멧새들이 [메아리를 물어 나르고]
감각적 표현

2연
[팽팽이는 날개], 그 수만큼
○꽃들이 작은 눈짓에서
[향기도 여울지는데]

3연
아무도 몰래
[옹켜쥐고 싶은 (햇살),]
나무들 비집고 들어와
아침 그물을 짠다.

4연
던지는 그물에는
이슬이 가득.

5연
건지는 그물에는
향기만 가득.
운율이 느껴지는 부분(비슷한 문장 구조를 반복함.)

+ 새롭게 알게 된 낱말이나
어려운 낱말을 써 보세요.

1연
이른 아침의 싱그러운 숲속에 가면 멧새들이 비비롱 비비롱 지저귀며 날아다닌다.

2연
멧새들이 날갯짓의 수만큼 작은 꽃들이 가득 피어 있고, 숲속은 꽃들의 향기로 가득하다.

3연
옹켜쥐고 싶은 따스한 햇살이 나무들을 비집고 들어와 평화로운 아침 숲속을 비추면서 나무 그림자가 이리저리 그물처럼 엮인다.

4연
아침 햇살과 긴 나무 그림자가 꽃잎에 맺힌 이슬에 닿는다.

5연
시간이 흐르면서 그림자는 짧아지고 숲속의 향기는 더욱 짙어진다.

좀 한끼
1 숲속   2 멧새   3 향기   4 햇살

1 ②, ④ **2** ③ **3** 비비롱 비비롱 **4** 4, 5 **5** 청각, 시각
6 서연 **7** 예시 답안 참고

내용과 구조 파악하기

1 5연 14행으로 이루어진 이 시는 아침에 숲속에 가면 보고, 듣고, 느낄 수 있는 것을 표현하였다.

② ➡ 이 시의 배경은 숲속이다.

④ ➡ 아침 숲속의 모습을 리듬이 느껴지는 짧은 글로 표현한 시이다.

주제 파악하기

2 이 시는 아침 숲속의 평화롭고 싱그러운 분위기를 '맷새, 꽃들, 햇살' 등이 금감을 통해 표현한 시이다. 자연에서 느낄 수 있는 평화로움이 잘 나타나 있다.

운율이 느껴지는 부분 찾기

3 사람이나 사물의 소리를 흉내 내는 말을 의성어라고 한다.

'비비롱 비비롱': 이 시에서 맷새들의 울음소리를 흉내 낸 말로, 반복을 통해 운율이 느껴진다.

운율이 느껴지는 부분 찾기

4 4연과 5연은 비슷한 문장 구조를 반복하여 운율이 느껴진다. '~지는 그물에 느~가득.'이라는 문장 구조가 반복되었다.

감각적 표현 알기

5 직접 보고, 듣고, 냄새 맡고, 맛보고, 만지는 것 같은 느낌을 주는 표현을 감각적 표현이라고 한다. ㉠'삐아리'라는 '삐아리'라는 소리가 눈에 보이는 것 같은 느낌이 들도록 표현한 것이다.

감상하기

6 아침 햇살이 숲속을 비추면서 생긴 나무 그림자를 그물이라고 표현한 것이다. 따라서 그물을 먼저 숲속 맷새들을 모두 잡고, 풀향기와 이슬까지 다 잡지하고 싶은 마음을 표현한 것이다라는 서연이의 감상이 알맞다.

7 예시 답안 이 시를 읽으면 상쾌한 아침 숲속의 모습이 떠오른다. 비비롱 비비롱 지저귀며 날아다니는 맷새들의 모습과 진잔한 향기를 풍기는 꽃들이 싱그러움이 보이는 것 같다. 그리고 따뜻한 아침 햇살이 좌 퍼지며 숲속의 구석구석을 비추는 장면도 떠오른다. 아직 사람이 다니지 않는 이른 아침 숲속의 분위기는 무척 평화롭다는 생각이 들었다.

😄	시에 나타난 장면을 바탕으로 생각이나 느낌을 알맞게 표현하여 썼습니다.
🙂	시에 나타난 장면을 중심으로 썼지만, 그에 대한 생각이나 느낌은 알맞게 표현하지 못했습니다.
🙁	시에 나타난 장면과 분위기를 잘못 파악하여 썼습니다.

02 글의 설명 방법 – 정의와 예시

중심 낱말에 ○
정의와 예시의 설명 방법이 나타난 부분에 〰
글선이가 하고자 하는 말에 [ ]

★ 새로 알게 된 낱말이나 어려운 낱말을 써 보세요.

3회독 ★ 내가 표시한 내용과 예시 답을 교과해 읽어 보세요.

석유는 없지만 석유 제품을 수출하는 나라

우리나라도 산유국이라는 사실을 알고 있는 사람은 많지 않다. 우리나라는 2000년대에 주 울산 앞바다에서 천연가스 생산에 성공하여 세계에서 95번째 산유국이 되었다. 그리고 석유도 생산하고 있지만, 그 양은 아주 적어서 우리나라는 에너지의 97퍼센트를 수입에 의존하고 있으며, 실제 우리나라 수입 품목 1위가 (석유)이다.

▲ 우리나라는 산유국이지만, 수입 품목 1위가 석유이다.

그렇다면 우리나라에서 가장 많이 수출하는 품목은 무엇일까? 2023년 기준 1위는 반도체, 2위는 자동차이고, 3위가 바로 (석유 제품)이다. 석유 생산량이 부족해 많은 양의 석유를 수입하는 나라에서 석유를 수출이 상당 부분을 석유 제품이 차지하고 있는 것이다. 여기서 석유 제품은 석유를 가공하여 만들어 낸 다양한 물질을 말한다. 예를 들어 석유를 정제하여 만든 경유, 휘발유, 플라스틱 원료, 아스팔트 등이 모두 석유 제품에 속한다.

▲ 우리나라 수출의 상당 부분을 석유 제품이 차지한다.

석유를 석유 제품으로

그렇다면 이렇게 우리나라가 석유 제품을 많이 많이 수출하게 되었을까? 그 이유는 (가공 무역)에서 찾을 수 있다. 가공 무역은 외국에서 원자재나 반제품을 수입하여 완제품으로 만든 뒤 다시 수출하는 방식의 무역을 말한다. 해외에서 커피 원두를 수입한 후 우리나라 공장에서 이를 가공하여 믹스커피로 만들어 수출하는 것은 가공 무역의 대표적인 사례이다. 가공 무역은 주로 자원을 부족하지만 기술이 높은 나라에서 많이 한다. 우리나라가 석유 제품을 수출할 수 있는 이유도 우수한 기술력을 가지고 있기 때문이다.

▲ 자원은 부족하지만 기술력이 높은 우리나라는 가공 무역을 한다.

실제 지하에서 추출한 석유는 여러 불순물이 포함되어 있어서 바로 연료로 사용하기에는 적합하지 않다. 석유에 열을 가해 끓이는 정제 과정을 거쳐야 우리가 일상에서 사용하는 경유나 휘발유 같은 연료가 된다. 우리나라는 석유를 정제하는 기술이 뛰어나기 때문에 우리나라에서 수출하는 경유와 휘발유는 높은 품질을 자랑한다. 또한 다양한 산업 분야에서 광범위하게 사용되는 플라스틱의 합성 수지와 도로 포장용으로 쓰이는 아스팔트 역시 그 품질을 널리 인정받고 있다. 이처럼 우수한 기술력이 바탕이 되어 우수한 품질의 석유 제품을 다른 나라에 수출하는 것이다.

▲ 우리나라는 석유를 정제하는 기술이 뛰어나 우수한 품질의 석유 제품을 다른 나라에 수출한다.

우수한 인력과 기술을 바탕으로 성장한 우리나라

우리나라는 천연자원이 부족하다. 대신 [우수한 인력과 기술을 바탕으로 다른 나라와 무역을 하고 경제 성장을 이룰 수 있었다. 한강의 기적이라고 불리는 빠른 경제 성장도 가공 무역이 있었기에 가능했다.] 석유는 없지만 석유 제품을 수출하는 나라, 무에서 유를 창조한 우리나라의 성장은 지금도 이어지고 있다.

글선이가 하고자 하는 말

▲ 우리나라의 빠른 경제 성장은 우수한 인력과 기술을 바탕으로 한 가공 무역 덕분에 가능했다.

구조 읽기

1 수입   2 수출   3 가공   4 석유

1 ⑤ 2 ④ 3 (1)㉠,㉢ (2)㉡,㉣ 4 (1)○ 5 예술
6 ⑤ 7 예시 답안 참고

중심 내용 파악하기

1 이 글이 글쓴이가 하고자 하는 많은 글의 마지막 문단에 나타나 있다. 우리나라가 석유 생산량이 부족해 많은 양의 석유를 수입하는 나라임에도 석유 제품을 많이 수출할 수 있었던 것은 우수한 인력과 기술을 바탕으로 한 가공 무역 덕분이며, 이것이 우리나라의 빠른 경제 성장을 이끌어 왔다는 것이다.

㉠~㉣는 모두 이 글에 나타난 내용이지만, 글쓴이가 말하고자 하는 중심 내용은 아니다.

세부 내용 파악하기

2 가공 무역은 외국에서 원자재나 반제품을 수입하여 완제품으로 만든 뒤 다시 수출하는 방식의 무역을 말한다.

설명 방법 구분하기

3 '정의'는 '무엇은 무엇이다'라고 그 뜻을 분명하게 정하여 밝히는 설명 방법이고, '예시'는 구체적인 보기나 예를 들어 설명하는 방법이다.
㉠은 석유 제품, ㉢은 가공 무역의 뜻을 정의의 방법으로 설명하였다.
㉡은 석유 제품, ㉣은 가공 무역의 예를 들어 '예시'의 방법으로 설명하였다.

설명 방법 알기

4 예시의 설명 방법은 설명하고자 하는 대상과 관계있는 구체적인 예를 들어 전하려는 내용을 쉽게 이해할 수 있도록 한다.

자료의 내용 파악하기

5 우리나라가 천연가스를 풍부하게 생산하기 때문에 석유를 더 많이 수입하는 것은 아니다. 우리나라는 에너지의 97퍼센트를 수입에 의존하고 있다고 하였다.

자료 읽기

6 지도 자료는 우리나라의 자동차 수출 지역 순위를 보여 주고 있다. 우리나라에서 만들어진 자동차는 미국, 호주, 캐나다 등으로 많이 수출되고 있다. 자동차 역시 원자재나 반제품을 수입하여 완제품으로 만든 뒤 다시 수출하는 가공 무역 제품의 하나이다.

7 예시 답안 나라와 나라 사이에 서로 물품을 사고파는 일을 무역이라고 한다. 우리나라가 다른 나라에 물건을 파는 것을 수출이라고 하고, 우리나라가 다른 나라에서 물건을 사 오는 것을 수입이라고 한다. 무역이 필요한 까닭은 우리나라에 없는 물건을 다른 나라에서 구하기 위해서이다. 예를 들어 자동차의 연료가 되는 석유는 우리나라에서 많이 나지 않기 때문에 수입품 1위이다. 무역이 필요한 또 다른 이유는 다른 나라보다 더 잘 만드는 물건을 외국에 팔아 이익을 얻기 위해서이다. 예를 들어 우리나라에는 스마트폰이나 가전제품, 자동차 등을 만드는 기술이 뛰어나 이런 제품들을 다른 나라에 수출하며 경제 성장을 이루었다.

😄	무역과 무역이 필요한 까닭을 정의와 예시의 설명 방법을 사용하여 알기 쉽게 설명했습니다.
🙂	무역과 무역이 필요한 까닭을 정의와 예시의 설명 방법 중 한 가지만 사용하여 설명했습니다.
🙁	무역과 무역이 필요한 까닭을 정의와 예시의 설명 방법으로 설명하지 못했습니다.

03

문장 생각

예술의 동반자, 뮤즈

★ 내가 표시한 내용과 예시 답을 비교하며 읽어 보세요.

- 설명하려는 대상에 ○
- 문장 성분 중 목적어와 보어에
- 글쓴이가 전하려고 하는 생각에 [ ]

그리스 신화에는 제우스와 기억의 여신 므네모시네 사이에서 태어난 아홉 명이 많이 나온다. 이들이 바로 (뮤즈)(Muse)이다. 뮤즈는 춤과 노래, 문학, 미술 등에 능하였고, 시인과 예술가들에게 영감과 재능을 불어넣는 예술의 여신이었다. 사람들은 뮤즈가 쉽고 있는 곳의 샘물을 마시면 그녀들로부터 뛰어난 재능을 불러받을 수 있다고 믿었다. 그래서 고대 철학자와 예술가들은 여신들이 도움을 받아 영감을 얻고자 뮤즈의 신전에 자주 방문하였다. 이러한 신화를 바탕으로 예술가들에게 영감을 주고 창작의 욕구를 불러일으키는 존재를 지금도 뮤즈라고 한다.

▲ 예술가들에게 영감을 주고 창작의 욕구를 불러일으키는 존재를 뮤즈라고 한다.

세상에는 음악, 미술, 문화 등 다양한 예술이 있고, 수많은 예술 작품들이 존재한다. 예술가마다 창작한 작품이 서로 다르듯이 그들에게 영감을 주는 존재도 각양각색이다. 뮤즈는 사랑하는 연인일 수도 있지만, 누군가에게는 아름다운 자연이나 태어나고 자란 고향, 강렬했던 경험, 또는 다른 예술가의 작품이 뮤즈가 될 수 있다. 예술가들의 가슴을 뛰게 하고, 그들에게 예술에 대한 감망과 열정을 불어넣어 주는 모든 대상이 뮤즈인 것이다.

▲ 예술가에게 영감을 주는 존재인 뮤즈도 각양각색이다.

빈센트 반 고흐는 파리를 떠나 프랑스의 작은 마을 아를(Arles)로 향했다. 고흐는 아를을 사랑했다. 아를은 고흐에게 영감을 주는 대상으로 가득했다. 맑고 푸른 하늘 위에 빛나는 아를의 태양을 바라보며 삶에 열정을 얻었고, 드넓은 밀밭과 푸른 하늘, 별빛이 반짝이는 밤하늘은 외로웠던 고흐의 삶에 한줄기 위로가 되었다. 아를의 자연은 고흐에게 매일같이 영감을 전하는 뮤즈였고, 그의 마음을 따스하게 감싸 주는 치료제였다.

▲ 빈센트 반 고흐의 뮤즈는 아를의 자연이었다.

멕시코의 초현실주의 작가 프리다 칼로도는 신체적, 감정적 고통을 강렬한 자화상을 통해 묘사한 것으로 유명하다. 칼로는 여섯 살 때 소아마비를 앓아 오른쪽 다리에 장애가 생겼고, 열여덟에는 교통사고로 크게 다쳐 온몸이 부서졌다고 표현할 정도의 중상을 입었다. 이 사고의 후유증으로 평생 고통과 싸우며 살아야 했던 칼로는 병상에 누워 그림을 그리면서 자신의 운명이 그림에 있다는 것을 깨달았다. 칼로는 절망과 아픔 속에서 자신을 발견하고 예술을 통해 자신의 회복력과 저항을 표현했다. 칼로에게 고통은 하나의 뮤즈가 되었다.

▲ 프리다 칼로의 뮤즈는 자신의 신체적, 감정적 고통이었다.

뮤즈는 예술가들에게 영감을 불어넣고 창작 과정에 중요한 영향을 미치는 존재이다. 그래서 우리에게 감동을 준 작품들의 뒤에는 예술가들에게 영감을 준 다양한 모습의 뮤즈가 있었다. 그렇게 뮤즈는 예술가들에게 예술 활동을 계속해 나갈 수 있는 용기와 열정을 선물했다. [우리가 예술가들의 작품을 감상할 때 그림에게 영감을 준 뮤즈를 함께 살펴본다면 작품을 좀 더 풍부하게 이해할 수 있다.]

▲ 예술가들의 작품을 감상할 때 뮤즈를 함께 살펴본다면 작품을 좀 더 풍부하게 이해할 수 있다.

★ 새롭게 알게 된 낱말이나 어려운 낱말을 써 보세요.

주제 읽기

1 영감 2 자연 3 뮤즈

한 문장 안에 쓰인 낱말들의 관계 읽기

4 서술어 '되다', '아니다' 앞에 오는 '무엇이'에 해당하는 부분을 보어라고 한다.

'고릴은 하나의 뮤즈가 되었다.'
  주어   보어   서술어

감상하기

5 그림에 대한 해석은 여러 가지일 수 있으나 서영이의 말에 나타난 것과 같이 자신이 어렸을 때의 시간으로 돌아가기를 바라는 마음을 표현한 것으로 보기는 어렵다. 칼로는 병상에 누워 그림을 그리면서 설망과 아픔 속에서 자신을 발전하고 예술을 통해 자신의 회복력과 저항을 표현했다는 4문단의 내용을 통해 볼 때, 과거로 돌아가기를 바라는 마음이 아니라 시간은 빠르게 지나간다는 것을 표현한 것으로 보는 것이 알맞다.

프리다 칼로는 "지화상-시간을 넘어간다」에서 시계와 비행기를 통해 '시간은 어차피 지나간다. 그러니 지나간 과거에 연연하지 말자.'라고 자신을 다독이는 것이다.

6 예시답안 마르크 샤갈의 뮤즈는 사랑하는 연인 벨라였다. 샤갈은 몸이 하늘로 붕 떠오를 것처럼 사랑의 삶에서 벨라는 유일한 희망이자 빛이었다. 벨라는 어둡고 우울하던 샤갈의 그림을 행복과 기쁨이 가득한 그림으로 바꾸어 주었다.

😆	뮤즈가 예술가들에게 어떤 존재인지 바르게 이해하고, 벨라는 샤갈에게 어떤 영향을 끼쳤는지 이 글의 내용을 참고하여 잘 정리하여 썼습니다.
🙂	뮤즈가 예술가들에게 어떤 존재인지 이해하고 있지만, 샤갈과 벨라의 관계에 대해서는 알맞게 정리하여 쓰지 못했습니다.
🙁	뮤즈가 예술가들에게 어떤 존재인지 이해하지 못하고, 샤갈과 벨라의 관계에 대해서도 알맞게 정리하여 쓰지 못했습니다.

26~27쪽

1 ⑤   **2** ①,④   **3** ④   **4** 보어   **5** 승민   **6** 예시답안 참고

낱말 이해하기

1 '묘사'의 뜻이 알맞지 않다. '묘사'는 '어떤 대상이나 현상을 보이는 대로 말하거나 그리다.'라는 뜻이다.

이 글에서는 신체적, 감정적 고통과 같이 눈에 보이지 않는 것을 강렬한 지화상을 통해 구체적 이미지로 표현하였다는 뜻으로 해석할 수 있다.

세부 내용 파악하기

2 ②의 내용은 3문단에, ③, ⑤이 내용은 1문단에 나온다.
➊ 프리다 칼로는 자신의 신체의 고통, 감정적 고통을 강렬한 지화상을 통해 예술 작품으로 표현하였다는 내용이 4문단에 나온다.
➍ 예술가들에게 영감을 불어넣어 주는 뮤즈는 사랑하는 연인, 아름다운 자연이나 태어나고 자란 고향, 강렬했던 경험, 또는 다른 예술가의 작품 등 각양각색이라는 내용이 2문단에 나온다.

문장 성분 파악하기

3 각 낱말이 문장 안에서 어떤 역할을 하는지 파악해 본다. ㉣'프리다 칼로는'은 '누가'에 해당하는 주어이다.

㉠'이름은' ➡ 주어   ㉢'가득했다' ➡ 서술어
㉡'위로가' ➡ 보어   ㉤'그림을' ➡ 목적어

04

이야기의
표현 방법

- ○ 중심 글감에
- ◎ 바르나 모시의 표현 방법이 나타난 부분에 ～～～
- 🖊 '나'의 감정이 드러난 부분에 [　]

★ 새로 알게 된 낱말이나 어려운 낱말을 써 보세요.

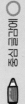

3회독　★ 내가 표시한 내용과 예시 답을 비교하며 읽어 보세요.

삼겹살 광야시를 향하여!

우리는 다시 비옷을 입고 빗속을 달리기 시작했다. 자전거를 타면 열이 나서 그나마 괜찮았다. 문제는 쉬는 시간이었다. 햇볕이 있을 때 그늘을 찾았듯이 빗속에서는 지붕을 찾았다. 누나들은 빨리 떨쳐 서로를 깨안았다.

"이 정도가 뭐가 춥다고 그래?" / 팔을 휘휘 돌리며 근소리를 치는 동생이 형을 얄쌉이 쳐려 있었다. 자세히 보니 팔도 떨었다.

⭐ 우리는 자전거를 타고 빗속을 달렸다. 그러다 쉬는 시간에는 너무 추웠다.

점심시간이 되었다. 우리는 삼촌이 기다리는 정자 옆에 자전거를 세웠다. 점심은 뜨거운 콩나물국과 비빔밥이었다. (중략)

"봉아기 좀 바깨야겠군. 이쯤에서 마법의 주문을 외워 볼까?"

다들 식판에서 고개를 들지 않았다. [나만 삼촌을 느긋이 바라보았다. 농담으로 해결할 수 있는 게 있고 없는 게 있다. 춥고 피곤하고 처량한 얼투 명을 말 한마디로 어제 보겠다고?] / 삼촌이 순가락으로 남은 비빔밥을 긁어모으며 툭 던지듯 말했다.

"오늘 저녁은 (삼겹살)."

잠시 조용했다가 환성이 터져 나왔다. 박수를 치기도 하고 주먹을 불끈 쥐는 사람도 있었다. 희정이 누나 눈에 눈물이 글썽거렸다. 웨이 형과 리나 누나가 어리둥절한 눈으로 우리를 바라보았다. 나는 짐을 한 모금 꿀꺽 삼켰다. 지갑지갑 기름이 흐르는 삼겹살, 쌈장을 올린 노릇노릇 뜨거운 삼겹살이 입안에서 톡톡 터지는 맛들을 만나면 그 삼겹살. 생각만으로도 힘이 났다. / 웨이 형은 향해 달리면서 만석이 느려질 때마다 만석이 형이 소리를 질렀다.

"삼겹살이 기다린다!" / "삼겹살! 삼겹살! 삼겹삽!"

우리는 입을 모아 외치며 페달을 굴렸다. 김얼 이정표에 나오는 거리가 점점 줄어들었다. 삼겹살 이십오 길로, 삼겹살 십팔 길로, 삼겹살 삼삽 길로. 우리 마릿속에서 울산은 사라졌다. 우리는 삼겹살 광야시를 향해 달렸다. 멀리 울산이 월드컵 경에서 비가 그쳤다. 구멍 난 구름 사이로 햇살이 비쳤다. 아느세 비가 그쳤다. 아느세 비가 그쳤다. 구름 사이로 햇살이 가장이 보였다.

⭐ 삼촌은 춥고 피곤하고 처량한 우리에게 오늘 저녁은 삼겹살이라고 말했고, 우리는 삼겹살을 먹을 생각에 힘을 내어 울산을 향해 달렸다.

삼겹살은 세계 공통 음식이었다. 동생이 형이 왜도 열심히 형과 웨이 누나한테 상추쌈 싸는 법을 가르쳐 주었다. 두 사람은 젓가락으로 열심히 삼겹살을 집어 왔었다. 처음 먹어 보다는 생마들도 빠뜨리지 않았다. 나는 말을 하지 않고 먹는 데만 집중했다.

가뭄으로 쩍쩍 갈라진 땅에 물이 스며드는 것처럼 온몸에 연료가 채워지는 느낌이 들었다. 한참 자고 일어나면 서울까지 단숨에 달려갈 수 있을 것 같았다. [여 딴에서 삼겹살을 먹다 보니까 집 생각이 났다. 우리 식구가 함께 삼겹살을 먹어 본 게 언제인지 기억이 나지 않았다. 삼겹살뿐이 아니다. 씻이 함께 밥을 먹기어도 희미했다. 만난 지 며칠 안 된 사람들끼리도 이만큼 행복하게 같이 삼겹살을 먹을 수 있는데 우리 식구는 왜 그러지 못했을까? 사이가 안 좋아서 삼겹살을 안 먹은 건지 삼겹살을 안 먹어서 그렇게 된 건지 알 수가 없었다. 고기가 모자라 삼촌이 가까운 정육점으로 뛰어갔다. 다들 배가 거북이 등처럼 불룩 나왔다. / "더는 못 먹겠다."

문안이 형이 젓가락을 내려놓았다. 더 먹을 고기도 없었다. 나는 임산부처럼 부른 배를 안고 설거지를 하고 빨래를 했다. 꼭 귀어찬 빨래도 빨랫줄에 널고 나니까 할 일이 없었다. 상추 씻고 마늘 양파 썰고 쌈장이 샘비하느라 수고한 삼촌 대신 맛있던 형이 내일 먹을거리를 사러 시장에 갔다.

⭐ 삼겹살을 먹자 온몸에 연료가 채워지는 느낌이 들었고, 집 생각이 났다.

나는 텐트에 누워서 구름이 흘러가는 하늘을 봤다. [배부르고 편하니까 세상에 부러울 게 없었다. 며칠 전만 해도 세상 적정이 다 나한테 물려온 것만 같았는데 지금은 그게 먼 세상 이야기 같다.] 배부르고 편하니까 세

⭐ 며칠 전만 해도 세상 적정이 다 나한테 물려온 것만 같았는데, 배부르고 편하니까 세상에 부러울 게 없었다.

구조확인

1 삼겹살	2 집	3 걱정

1 ②, ⑤, ③, ④, ① **2** 울산 **3** (2)○ **4** (1)① (2)② **5** ②
6 식구 **7** 예시 답안 참고

읽이 읽어난 차례 파악하기

1 열두 명이 자전거를 타고 빗속을 달리는 장면으로 이야기가 시작되고 있다.

② 자전거를 타고 빗속을 달렸고, 쉬는 시간에는 너무 추웠다.

↓

⑤ 점심시간, 코나물국과 비빔밥을 먹으며 삼촌이 오늘 저녁은 삼겹살이라고 말했다.

↓

③ 머릿속에서 울산은 사라지고 삼겹살만 생각하며 힘을 내서 달렸다.

↓

④ 삼겹살을 먹자 온몸에 연료가 채워지는 느낌이 들었고, 집 생각이 났다.

↓

① 배부르고 편하니까 세상에 부러울 게 없었다.

내용 이해하기

2 울산을 향해 달리면서 수도가 느려질 때마다 만석이 형이 "삼겹살이 기다린다!"라고 소리를 질렀다는 부분과 '우리 머릿속에서 울산은 사라졌다. 우리는 삼겹살 광역시를 향해 달렸다.'라는 부분을 통해서 알 수 있다.

이야기의 표현 방법 읽기

3 '지글지글 기름이 흐르는 삼겹살, 쌈장을 올린 노릇노릇 뜨거운 삼겹살'이라는 표현은 삼겹살을 구울 때 나는 소리나 모양, 색깔 등을 그림을 그리듯이 묘사한 것이다.

비유적 표현 이해하기

4 '가뭄으로 쩍쩍 갈라진 땅에 물이 스며드는 것처럼 온몸에 연료가 채워지는 느낌이 들었다.'는 '~처럼'을 써서 두 대상을 직접 견주어 표현한 직유법이 쓰였다. 따라서 '가뭄으로 쩍쩍 갈라진 땅'은 '춥고 피곤한 몸(온몸)'을, '물이 스며드는 것'은 '기운이 채워지는 느낌'을 빗대어 표현한 것이다.

인물의 마음 짐작하기

5 ㉠에 나타난 '침을 삼키다'는 '음식 등을 몹시 먹고 싶어 하다.'라는 뜻의 관용 표현이다. '삼겹살을 먹고 싶은 마음이 공연히 침을 삼키는 행동으로 나타난 것이다.

글에 드러나지 않은 내용 추론하기

6 '식구'의 뜻을 통해 이 글에 드러나지 않은 '나'의 가족의 관계에 대하여 짐작해 보는 내용의 대화이다. '나'는 여럿이서 삼겹살을 먹다 보니 집 생각이 나느니, 세 식구가 함께 밥을 먹어 본 기억도 희미하다고 하며, 사이가 안 좋아서 함께 삼겹살을 안 먹는 건지 삼겹살을 안 먹어서 그렇게 된 건지 알 수가 없다고 생각한다.

7 예시 답안 지난 주말에 고모네 식구와 함께 캐무리 계곡으로 캠핑을 다녀왔다. 밤이 되니 하늘에 별사탕처럼 반짝 별이 온 쏟아져 내릴 것만 같았다. 도란도란 우리 대화에 끼어드는 계곡물 소리는 흥겨웠고, 밤 벌레 우는 소리도 정다웠다. 우리 식구는 한 텐트 안에서 자게 되었느니, 오랜만에 온 가족이 같이 누워 있으니 텐트뿐만 아니라 내 마음까지 꽉 찬 느낌이 들었다. 이른 아침 상쾌한 공기를 마셔 보라고 제촉하는 새들 덕분에 일찍 일어났는데, 이슬에 젖은 캠핑장의 아침은 어젯밤과는 또 다르게 활기찬 느낌이 들었다.

	여행지에서의 경험을 비유, 상징, 묘사 등의 표현 방법을 사용하여 생동감 있게 표현하여 썼습니다.
😊	여행지에서의 경험을 비유, 상징, 묘사 등의 표현 방법을 사용하지 않고, 있었던 일을 중심으로 썼습니다.
🙁	여행지에서의 경험을 구체적으로 표현하여 쓰지 못했습니다.

05 면담의 특징

독해의 특징

중심 글감에 ○
면담 질문의 핵심 ~~
정보에 ~~
답변의 핵심 [ ]
정보에 [ ]

3회독 ★ 내가 표시한 내용과 예시 답을 비교하며 읽어 보세요.

성우는 어때?

성우의 역사에 대해 알려 주세요.

(성우)를 영어로 보이스 액터(Voice Actor)라고 해요. 목소리 연기자라는 뜻이에요.

[우리나라 성우의 역사는 라디오의 역사와 함께하고 있어요.] 1927년에 경성방송국의 라디오 방송을 처음 시작했는데 그때는 일본어 방송만 있었어요. 1933년에 조선어로 라디오 드라마가 방송되면서 목소리를 연기하는 사람들이 생겼죠. 라디오 방송극은 해방 후에 전성기를 맞이했어요. 당시에는 '방송극 연구원' 또는 '방송원'이라고 했다가 1953년부터 성우로 부르게 되었죠. 서울중앙방송국(현재 KBS)에서 최초로 성우 공개 채용을 했을 때예요. [1960년대 각 방송국마다 인기가 높아해 평균 150여 편의 라디오 드라마를 내보냈을 정도니까 라디오 드라마의 인기가 얼마나 높았는지 알 수 있어요. 당시 성우는 대중의 사랑을 듬뿍 받는 스타였죠.]

▲ 우리나라 성우는 라디오 역사와 함께해 왔어요. 1960년대에는 라디오 드라마의 인기와 함께 성우는 대중의 사랑을 듬뿍 받는 스타였죠.

성우는 어떤 일을 하나요?

요즘에 다양한 곳에서 성우를 찾아요. [매체 광고, 교통 안내 방송, 제품 소개, 자동 응답 시스템(ARS)의 음성 녹음, 게임이나 오디오 북, 오디오 웹 드라마, 교육 콘텐츠를 만들 때 성우가 참여해요.]

안내 방송이나 제품 소개, ARS 등은 한 번 녹음한 것을 반복적으로 사용하죠. 그래서 많이 들어도 질리지 않게 깔끔하고 진중한 목소리로 녹음해요. 또 사람들에게 잘 전달되어야 하니까 귀에 쏙쏙 들어오게 하는 게 중요하고요. 게임의 경우 성우의 활약이 두드러져요. 새로운 캐릭터를 만들어 내는 일이라 여러 사람과 의논도 많이 하고 새로운 시도도 하죠. 요즘엔 애니메이션보다 게임 속 캐릭터를 연기하는 성우의 인기가 높은 경우도 있더라고요.

▲ 요즘엔 매체 광고, 교통 안내 방송, 제품 소개, 자동 응답 시스템(ARS)의 음성 녹음, 게임이나 오디오 북, 오디오 웹 드라마, 교육 콘텐츠를 만들 때 성우가 참여해요.

성우가 되려면 좋은 목소리가 있어야 할까?

성우가 되려면 좋은 목소리나 예쁜 목소리를 타고나야 하는 거냐는 질문을 많이 받아요. 답하기 어려운 질문이에요. 예쁜 목소리나, 좋은 목소리나는 듣는 사람에 따라 다르게 느끼는 거니까요.

질문을 바꿔 볼게요. 성우가 되기 어려운 목소리도 뭘까요? [소리가 약하거나 잘 갈라지는 목소리, 일정한 높이와 굵기가 유지되지 않는 목소리를 가졌다면 성우가 되기는 어려울 것 같아요.] 목소리마다 타고난 특성이 있어요. 성대의 모양에 따라 목소리의 색깔이 결정되니까 그건 타고났다고 말할 수 있지만 [발성 연습을 통해 목소리의 이미지를 바꿀 수 있어요.] 굵은 목소리를 가늘게, 가는 목소리를 굵게, 낮은 톤을 높일 수도 있어요. 그뿐 아니라 가성과 호흡을 사용해서 목소리 이미지를 다르게 만들 수도 있고요.

▲ 소리가 약하거나 잘 갈라지는 목소리, 일정한 높이와 굵기가 유지되지 않는 목소리를 가졌다면 성우가 되기가 어려워요. 발성 연습을 통해 목소리 이미지를 바꿀 수 있어요.

성우라는 직업의 미래 전망은 어떤가요?

AI 시대가 오면 성우라는 직업이 사라질 거라고 걱정하는 소리도 들었어요. 문장을 입력하면 맡소리로 읽어 주는 음성 인식 프로그램들이 있어요. 얼핏 들으면 진짜 사람이 말하는 것처럼 들려요. 하지만 저는 AI가 사람의 감정을 표현할 수는 없다고 생각해요.

[사람의 목소리는 아주 복잡하고 섬세한 감정을 표현할 수 있지만, 기계는 아직 어려울 것 같아요.]

▲ 목소리로 아주 복잡하고 섬세한 감정을 표현할 수 있는 성우라는 직업은 AI 시대가 와도 사라지지 않을 거예요.

구조 알기

1 성우   2 목소리   3 감정

★ 새로 알게 된 낱말이나 어려운 낱말을 써 보세요.

_____

_____

_____

1 (3) ○ **2** 1953 **3** ③ **4** ⑤ **5** 서연 **6** ⓛ
7 예시 답안 참고

글의 종류 알기

1 이 글은 성우를 면담한 뒤에 면담한 내용을 정리한 것이다.

세부 내용 파악하기

2 연도별로 성우의 역사를 정리한 내용이 첫 번째 질문에 대한 답변에 나타나 있다. 해방 후에는 '방송극 연구원', '방송요원'이라고 했다가 1953년부터 성우로 부르게 되었다.

면담 내용 정리하기

3 안내 방송이나 ARS 등은 한 번 녹음한 것을 반복적으로 사용하기 때문에 많이 들어도 실리지 않게 깔끔하고 건조한 목소리로 녹음한다고 하셨다.
③ ➡ 새로운 시도를 하는 것은 게임 속 캐릭터를 연기할 때에 해당하는 내용이다. 게임의 경우 새로운 캐릭터를 만들어 내는 일이라 여러 사람과 의논도 많이 하고 새로운 시도도 한다고 하였다.

면담 질문 파악하기

4 ㉠ 바로 뒤에 나오는 내용을 바탕으로 ㉠에 들어갈 질문 내용을 짐작할 수 있다.
답하기 어려운 질문이에요. 예쁜 목소리나, 좋은 목소리라는 듣는 사람에 따라 다르게 느끼는 거니까요. '같은 내용이 이야기라도 '성우가 되려면 좋은 목소리를 타고나야 하는 거냐는 질문을 많이 받아요.'라는 내용이 앞에 오는 것이 자연스럽다.

적용하기

5 면담 내용에서 일정한 높이와 굵기가 유지되지 않는 목소리를 가졌다면 성우가 되기는 어려울 것 같다고 하였기 때문에 서연이의 말처럼 발성 연습을 해서 일정한 높이와 굵기가 유지되는 목소리를 갖도록 노력하겠다는 것이 알맞다.
• '솔민' ➡ 라디오 드라마는 요즘 성우가 가장 활약하는 분야가 아니다.
• '현솔' ➡ 소리가 약하거나 잘 갈라지는 목소리는 성우가 되기 어렵다.

자료의 내용 파악하기

6 주어진 자료는 게임 캐릭터를 연기하는 성우에 대한 내용이기 때문에 게임의 경우 성우가 어떤 활약을 하는지 뒷받침하는 내용으로 알맞다.

7 예시 답안 • 성우가 되려면 어떤 공부를 해야 하나요?
• 성우 공채 시험은 어떻게 준비해야 하나요?
• 성우로 활동하였을 때 어려운 점은 어떠한가요?
• 성우라는 직업의 매력은 무엇이라고 생각하시나요?
• 성우가 되기 위해 가장 필요한 역량은 무엇인가요?

(>ᴰ)	성우라는 직업과 관련 있는 질문 세 가지를 알맞게 썼습니다.
(:·)	성우라는 직업과 관련 있는 질문을 한두 가지만 알맞게 썼습니다.
(:()	성우라는 직업과 관련 있는 질문을 쓰지 못했습니다.

06 시의 비유적 표현

★ 내가 표시한 내용과 해시답을 비교하며 읽어 보세요.

단물

- 중심 글감에 ○
- 비유적 표현에 ___
- 말하는 이의 감정이 나타난 부분에 [ ]

1연
섰었다 그 아이한테 자꾸 섰었다
내 말이 껌인가? 자꾸 섰네
생각했지만 [자꾸 섰히기만 해도
말하는 이의 감정이 나타난 부분
꿈이든 껌이든 좋았다]

2연
풍선껌처럼 전득 부풀어 오른 꿈은
중심 글감 / 비유적 표현(직유법)
개구리 울음주머니처럼 불룩불룩
터질 때마다 딸기 냄새가 나는 숨소리
[하루하루가 달콤했는데]

3연
그 아이가 내게 한 마디 말을 한 그날

4연
단물이 다 빠져 버렸다
[맛도 없고 재미도 없다] 이제 너랑 절교라고
말을 함부로 뱉어 버렸다
바닥에 툭 버려진 껌처럼 아스팔트인 척
비유적 표현(직유법)
아무 일도 없었던 척

5연
쓸데없느데 쓸 게 너무 많아서
온통 그 아이 그림자로 꿈도 일기장은
비유적 표현(은유법)
매연이 가득한 검바닥이 있었다
[며칠 동안 까기 펴져 앉아 있었다
내가 어두워지는 줄도 모르고]

★ 새로 알게 된 낱말이나
어려운 낱말을 써 보세요.

1연
그 아이는 내 말을 자주 섰지만 그래도 그 아이가 좋았다.

2연
풍선껌처럼 전득 부풀어 오른 꿈은 개구리 울음주머니처럼 불룩불룩했고, 그 아이와 함께 지내는 하루하루는 풍선껌이 터질 때마다 나는 딸기 냄새처럼 달콤했다.

3연
그 아이는 그날 내게 상처가 되는 말을 하였다.

4연
풍선껌은 단물이 다 빠져 뱉어 버렸다. '나'는 그 아이에게 절교라고 말을 함부로 뱉어 버렸고 아무 일도 없었던 척하였다.

5연
일기장에 써 보아 쓸데없었는데, 일기장은 온통 그 아이에 대한 이야기로 가득했다. '나'는 며칠 동안 그 아이와 있었던 일을 잊지 못하고 우울해하였다.

구조 읽기

1 껌 2 단물 3 절교

1 (1) ③ (2) ① (3) ② **2** ③, ⑤ **3** (1) ② (2) ① **4** 풍선껌
5 ⑤ **6** 열기 **7** 예시 답안 참고

시어의 뜻 읽기

1 시에 있는 말을 '시어'라고 한다. 각 낱말이 시에서 어떤 뜻으로 쓰였는지 살펴본다.
(1) → 며칠 동안 거기 펴져 앉아 있었다
(2) → 섰렸다 그 아이한테 자꾸 섰렸다
(3) → 말을 함부로 뱉어 버렸다

시의 내용 파악하기

2 이 시는 좋아하던 친구와 절교하고 힘들고 우울한 마음을 표현하였다.
③ → 말하는 이는 '그 아이'와 절교한 것에 대해 '말을 함부로 뱉어 버렸다고 표현하였고, 아무 일도 없었던 척하지만 '그 아이' 생각에 빠져 매일 며칠 동안 우울하였다.
⑤ → 말하는 이가 운동 '그 아이' 생각에 빠져 있는 것을 나타낸 표현으로, 김밥에 빠져 있는 것을 나타낸 표현으로, 김밥에 앉아 있는 것을 좋아하게 된 것은 아니다.

비유적 표현 알기

3 ㉠은 '~처럼'을 써서 '풍선껌'과 '잔뜩 부풀어 오른 꿈'을 직접 견주어 표현한 직유법을 사용하였고, ㉡은 '은 ~이다'로 '꿈'을 그 아이 그림자로 물든 일기장'을 '매연이 가득한 김밥'에 빗댄 은유법을 사용하였다.

비유적 표현 이해하기

4 이 시의 중심 글감인 풍선껌은 '내 마음'을 빗대어 나타낸 표현이다.

말하는 이의 마음 짐작하기

5 '그 아이'가 내게 한 마디 말을 한 그날 이후 말하는 이는 온통 '그 아이' 생각으로 가득했기 때문에 '그 아이'의 얼굴이 자꾸 떠올랐을 것이다.
① 1연이 '자꾸 섰하기만 해도 / 꿈이든 껌이든 좋았는데'에서 알 수 있다.
② 2연이 '하루하루가 달콤했다'에서 알 수 있다.
③ 4연이 '아무 일도 없었던 척'에서 알 수 있다.
④ 5연이 '며칠 동안 거기 펴져 앉아 있었다 / 내가 아무렇지는 줄도 모르고'에서 알 수 있다.

비유적 표현 적용하기

6 이 시에서 풍선껌의 '단물'은 하루하루가 달콤한 것을 빗대어 나타낸 표현으로 단물이 다 빠져 버리자 풍선껌을 뱉어 버렸다고 하였다. 열기구의 '열기'는 어떤 일에 대한 열정을 빗대어 나타낸 표현으로 열기가 사라지면 열기구도 내려앉는다.

7 예시 답안

내 동생

나무늘보 같은   그래도 야무진
동생은   나무늘보

글씨도 느릿느릿   글씨는 반듯반듯
덧셈도 느릿느릿   덧셈은 척척박사

^_^	은유법, 직유법, 의인법 등이 비유적 표현을 사용하여 가족의 모습이나 성격을 자료 잘 표현하여 썼습니다.
:)	비유적 표현을 알맞게 사용하지 못하였거나, 가족의 모습이나 성격이 잘 드러나지 않습니다.
:(	비유적 표현을 알맞게 사용하지 못하였고, 가족의 모습이나 성격도 잘 드러나지 않습니다.

▲ 이탈리아 로마 트레비 분수에 몰린 관광객

07 글 속의 재료

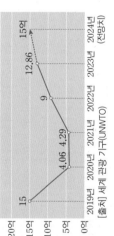

1 ② 2 (1) ① (2) ② (3) ③ 3 (1) 도표 (2) 사진 4 ⑤
5 초중종 6 제한하는, 중단해야 7 예시 답안 참고

세부 내용 파악하기

1 이 글에는 오버 투어리즘의 해결을 위해 각 나라는 어떤 대책을 세우고 있느지, 각 개인은 어떤 노력을 하고 있는지 나타나 있다. 5문단에서 오버 투어리즘을 해결하기 위해 각 개인에게는 공정 여행이라는 움직임이 퍼져 가고 있다고 하였다.

낱말 이해하기

2 세 낱말 모두 한자어이다. 한자의 뜻을 알아 두면 낱말의 뜻을 짐작하는 데 도움이 된다.

자료의 종류와 특징 알기

3 이 글에는 도표와 사진 자료가 쓰였다.
· 도표는 2020년 4억 명대로 감소했던 해외 관광객이 해마다 증가해 2024년 다시 15억 명대로 증가할 것이라는 전망을 한눈에 보여 주고 있다.
· 사진은 이탈리아 로마 트레비 분수에 몰린 관광객이 어느 정도인지 사실대로 정확히 보여 주고 있다.

자료의 효과 알기

4 자료는 글의 내용에 신뢰감을 주거나 어려운 내용을 흥미롭게 보여 주기 위해 사용하는 것이다. 자료는 글의 내용 이해에 도움을 주는 것으로, 글을 꼼꼼히 읽지 않아도 자료를 통해 내용을 이해할 수 있는 것은 아니다.

문제 해결 방법 적용하기

5 뉴스는 서울 북촌 한옥 마을에 생긴 오버 투어리즘 문제를 다루고 있다. 이 글의 4, 5문단에 나타난 해결책을 바탕으로 생각해 본다.
현지의 환경과 문화를 존중하는 공정 여행을 통해 오버 투어리즘 문제를 해결할 수 있다.

비판하기

6 세계 관광 기구의 조사 자료에 따르면, 지역 주민들은 대부분 관광객 수를 제한하는 것을 원하지 않고, 관광객이 증가하는 것이 좋다고 생각하는 것이 이전도 많다. 또한 관광 개발이나 홍보 및 마케팅을 중단해야 한다는 의견은 매우 낮은 비율이다.

생각 날 쑥쑥!

7 예시 답안 오버 투어리즘의 해결 방안으로 관광객의 편의를 제한하는 방법은 효과적이지 않다. 이런 방법으로 관광객의 수가 줄기보다는 방문한 관광객들이 불편에 대해 항의하면서 주민과의 마찰만 늘어날 것이기 때문이다.
나는 각 개인이 환경과 문화를 존중하며 공정 여행을 하는 것이 그 어떤 대책보다 효과적일 것이라고 생각한다. 각 나라에서 어떤 훌륭한 대책을 내놓아도 개인이 따르지 않으면 효과가 없기 때문이다. 나의 즐거움이 다른 사람에게 피해를 주지 않도록 개인 스스로 조심하고 배려하는 마음가짐이 중요하다.

˘ᴗ˘	오버 투어리즘을 정확히 파악하고, 그에 대한 대책과 그렇게 생각한 까닭을 알맞은 문장으로 썼습니다.
:)	오버 투어리즘에 대한 대책을 정리하여 썼으나, 그렇게 생각한 까닭을 알맞은 문장으로 쓰지 못했습니다.
:(	오버 투어리즘이 무엇인지 정확히 파악하지 못하여, 그에 대한 대책도 알맞은 내용으로 쓰지 못했습니다.

08
글 안에 쓰이는 속담

- 속담을 사용하면 좋은 점에 ○

- 이야기에서 인물의 성격을 알 수 있는 행동에 ▱▱

- 속담과 속담이 사용된 상황에 [ ]

★ 새로 알게 된 낱말이나 어려운 낱말을 써 보세요.

3회독 ★ 내가 표시한 내용과 예시 답들을 비교하며 읽어 보세요.

평생을 통해 얻게 된 삶의 지혜, 속담

예로부터 사람들의 입에서 입으로 전해 내려오는 속담에는 우리 민족의 생각과 지혜가 담겨 있어요. [예를 살아나 차이 나는 형에게 대비는 통제상을 보고 '하룻강아지 범 무서운 줄 모른다다.'라고 말하면 그 의미가 바로 와닿지 않나요? 이처럼 속담은 ~젊은 문장으로 자신의 생각을 쉽고 효과적으로 전달할 수 있고, 듣는 사람 또한 흥미를 느낄 수 있어요. 속담에 쓰이는 상황을 생각하며 다음 이야기를 읽어 봅시다.

속담이란, 예로부터 사람들의 입에서 입으로 전해 내려오는 짧은 문장의 비유적인 말로, 속담에는 우리 민족의 생각과 지혜가 담겨 있어요.

옛날 어느 어촌 마을에 이름이 '강'인 아저씨가 살았습니다. 강 아저씨는 그가 기억할 수 있는 모든 순간을 바다에서 보냈다고 해요. 걸음을 익히기도 전에 아버지가 그물을 내리는 법을 배웠고, 친구들과 딧간에는 노는 것보다 배 위에서 시간을 보내는 것을 좋아했죠. 집에 돌아와 어린 강 아저씨를 무릎에 앉혀 놓고 도란도란 이야기를 나누며 그물을 다시 뜨는 것이 아버지의 즐거움이기도 했어요.

"강아, 여기 구멍 뚫린 곳 보이지? 이 그물 꼼꼼이 다시 뜨지 않으면 아무리 열심히 나아도 고기가 구멍 사이로 다 도망을 가 버리고 만단다."

어린 강 아저씨는 자신의 그물도 어디롱게 여러둥절했어요.

"아이고 내 새끼, 그 크기 아니라, 그물이 이 매듭을 고리라고 한단다." 아버지의 눈에는 그 모습이 마냥 귀여워 하루의 피로가 싹 가시는 것 같았지요.

옛날 어느 어촌 마을에 이름이 '강'인 아저씨가 살았고, 강 아저씨는 어린 시절대부터 아버지를 따라 바다에서 보냈어요.

강 아저씨가 그때 아버지의 나이가 될 때까지 평생을 바다에서 보낸 것은 물론 딸린 아내, 아들 다섯에 딸 넷을 먹여 살리 식구들이 많았기 때문이에요. 늙은 어머니와 아내, 풍족하지는 않았지만 한 딸에 두세 번은 모 두가 고기반찬을 배부르게 먹을 수 있을 만큼 고기를 잡기도 했어요. 그러나 요즘 은 딸을 쓸 성기도 함도 정도로 고기가 잡히지 않아 강 아저씨의 시름은 날로 깊어만 있습니다.

▲ 강 아저씨는 가족들을 먹여 살리기 위해 평생을 바다에서 보냈어요.

어느 때처럼 이른 새벽부터 바다에 나가 낚던 어느 날, 강 아저씨가 들어 올린 그물에 커다란 거북이 낚였어요. 강 아저씨는 슬픈 눈으로 쳐다보는 거북을 다시 바다로 돌려보냈어요. 예로부터 바다거북은 용왕의 자신이라 하여 신성하게 여겼기 때문이죠. / 그런 일이 있고 며칠 뒤부터 신기한 일이 일어났어요. 강 아저씨가 그물을 들어 올리기만 하면 온갖 고기가 가득 낚였어요. 하루 종일 일을 하고 돌아온 강 아저씨는 잠을 줄여 가며 그물을 다시 뜨는 시간이 필요했어요. 어느 날은 그물을 다 손질하 고 났더니 동이 트 적도 있었어요. 강 아저씨의 아내는 대강하고 쉬라고 말했지만 강 아저씨는 항상 이렇게 말했어요.

["구멍을 대강 손질해서 고기가 빠져나가면 열심히 일한들 무슨 소용이 있어요? 말 빠진 독에 물 붓기지."] / 아무리 함들어도 강 아저씨는 그물을 완벽하게 정비하여 다시 고기떼를 타러 나가고 싶었어요. 모든 것이 바다거북 덕분 이라고 생각하며 감사한 마음을 가지고 살았어요.

▲ 어느 날, 그물에 낚인 바다거북을 돌려주었고, 매일 뒤부터 온갖 고기가 가득 낚였어요. 강 아저씨는 아무리 힘들어도 그물 손질을 게을리하지 않았어요.

강 아저씨가 매일 꼼꼼하게 그물 구멍을 손질한 이유는 무엇인가요? 구멍으로 고기가 빠져나가 열심히 일한 것이 헛되지 않게 하기 위함이었죠. 이 상황을 이렇게 길게 설명할 수도 있지만, 속담을 사용해 간단하게 의미를 전달할 수도 있답니다. '말 빠진 독에 물 붓기'란, 아무리 힘을 들여도 보람 없이 헛된 일이 되는 상태를 뜻해요. 내가 공부하는 자세를 돌아보고 혹시 지금 말 빠진 독에 물 붓기와 같은 행동을 하고 있지는 않은지 생각해 보아요.

▲ 길게 설명할 내용을 속담을 사용해 간단하게 의미를 전달할 수 있어요.

스스로 평가

1 지혜   2 거북   3 그물   4 간단

1 (1) ⓒ, ⓐ (2) ⓒ, ⓔ 2 ② 3 ③, ④ 4 ④ 5 지안
6 (2) ○ 7 예시 답안 참고

동형이의어 구분하기

1 이 이야기에 쓰인 '코'는 형태는 같으나 뜻이 다른 동형어이어이다. 낱말이 쓰인 문장의 앞뒤 내용을 통해 어떤 뜻으로 쓰였는지 알 수 있다.
• '어린 강 아저씨는 자신의 ⓒ코를 가리키며 어리둥절했어요,'
"아이고 내석아, 그 ⓒ코가 아니라"
➡ 얼굴 중앙에 튀어나온 부분.
• '이 ⓐ코를 꼼꼼히 다시 일으면', "그물이 이 매듭을 ⓐ코라고 한단다."
➡ 그물이나 뜨개질의 코이나 실을 매는 매듭.

인물의 성격 파악하기

2 '아무리 힘들어도 강 아저씨는 그물을 완벽하게 정비하여 다시 고깃배를 따라 나가곤 했어요.'라는 문장으로 보아, 꼼꼼하고 부지런한 성격이라는 것을 알 수 있다. 따라서 ②무슨 일이든 대충 한다.'는 강 아저씨의 성격으로 알맞지 않다.

속담의 효과 알기

3 속담은 상황을 짧은 문장으로 간단하게 전달할 수 있고, 듣는 이는 쉽게 이해하고 흥미를 느낄 수 있다.

속담이 쓰이는 상황 알기

4 '나'는 매번 어지르는 동생 때문에 열심히 치워 봤자 헛수고라는 생각이 들었다고 하였으므로, 이와 같은 상황에 어울리는 속담은 '밑 빠진 독에 물 붓기'이다.

인물과 사건 비교하기

5 흥부는 제비를 살려 주었더니 제비가 은혜를 갚아 금은보화를 얻었고, 강 아저씨는 바다거북을 살려 주었더니 며칠 뒤부터 온갖 고기가 가득 낚였다.

인물의 성격과 사건의 관계 알기

6 아무리 힘들어도 그물을 완벽하게 정비하던 강 아저씨가 그물을 손질하지 않고 그냥 고기를 잡으러 나갔다가 ... 어울리는 속담은 '소 잃고 외양간 고친다'이다.
(1) '소 가는 데 말도 간다': 남이 할 수 있는 일이면 나도 할 수 있다는 말.
(2) '소 잃고 외양간 고친다': 소를 도둑맞은 다음에야 빈 외양간의 허물어진 데를 고치느라 수선을 떤다는 뜻으로, 일이 이미 잘못된 뒤에는 손을 써도 소용이 없음을 비꼬는 말.

7 예시 답안 지난달에 서점에 갔다가 읽고 싶은 책을 몇 권 사서 책꽂이에 잘 꽂아 두었다. 이번 달에도 또 읽고 싶은 책이 있어서 어머니께 말씀드렸더니 "구슬이 서 말이라도 꿰어야 보배"라는 책을 왜 사는 거냐?"라고 하셨다. '구슬이 서 말이라도 꿰어야 보배'라는 속담은 아무리 좋은 것이라도 다듬고 정리하여 쓸모 있게 만들어 놓아야 값어치가 있음을 비유적으로 이르는 말이다. 책을 사서 책꽂이에 잘 꽂아만 놓을 것이 아니라 이 나다 읽으므로는 열심히 읽어야 겠다.

😄	속담의 뜻을 바르게 알고, 그 속담을 활용할 수 있는 상황도 알맞게 제시했습니다.
🙂	속담의 뜻은 바르게 알고 있으나, 제시한 상황이 속담과 잘 어울리지 않습니다.
☹️	속담의 뜻을 바르게 알지 못하여 그에 어울리는 상황도 알맞게 제시하지 못했습니다.

09 주장하는 글의 특징

주장하는 글의 특징
글쓴이의 주장에 [ ]
주장을 뒷받침하는 근거에 ～～
글쓴이의 주장과 반대되는 주장에 ○

★ 새로 알게 된 낱말이나 어려운 낱말을 써 보세요.

_____
_____
_____
_____
_____

3회독 ★ 내가 표시한 내용과 예시 답을 비교하며 읽어 보세요.

우주를 향한 도전

2022년 누리호 2차 발사의 성공으로 우리나라는 세계에서 일곱 번째로 인공위성을 자체 기술로 쏘아 올릴 수 있는 나라가 되었다. 누리호의 성공으로 우리나라는 독자적인 우주 수송 능력을 확보하였다. 우주 개발을 위해서 우리나라는 총 2조 원이 넘는 개발비를 투자했고, 2027년까지 우주 개발 투자 예산을 연간 1조 5,000억 원 이상으로 확대할 예정이다. 그러나 한편에서는 이처럼 막대한 비용을 써 가며 우주 개발에 투자를 할 필요가 있느냐는 이론을 제기한다. *글쓴이의 주장에 반대되는 주장* 그들은 우주 개발에 대한 전문하적인 투자는 우리나라의 경제 규모에 맞지 않는다고 지적한다.

하지만 우주 개발을 근시안적으로 보아서는 안 된다. 우주는 인류에게 무한한 가능성을 제공해 준다. 세계의 주요 강대국이 오래전부터 우주 개발에 심혈을 기울여 온 이유도 여기에 있다. [우리나라가 우주를 향한 도전을 계속 이어 가야 하는 이유는 다음과 같다.] *글쓴이의 주장*

▲ 세계의 주요 강대국처럼 우리나라도 우주를 향한 도전을 계속 이어가야 한다.

첫째, 우주 개발은 국가의 과학 기술 발전에 큰 기여를 한다. 우주 개발을 위해서는 우주의 극한 환경을 극복할 수 있는 최첨단 과학 기술이 필요하다. 화재 발생 시에 *주장을 뒷받침하는 근거* 조기에 열, 연기, 불꽃을 감지하는 기술, 눈동자의 움직임으로 우주선을 제어할 수 있는 눈동자 제어 스위치, 배터리로 작동하는 가벼운 무선 도구, 우주선에 많은 물을 싣을 수 없기 때문에 사용한 물을 정수하는 기술 등 우주 생존에 필요한 것들이 과학 기술 발전의 원동력이 된다.

▲ 우주를 향한 도전을 이어 가야 하는 이유 ①: 우주 개발은 국가의 과학 기술 발전에 큰 기여를 한다.

둘째, 우주 개발은 경제적 이익을 가져다준다. 우주 개발에는 막대한 비용이 투자되지만 이를 통해 개발된 첨단 기술은 다양한 분야에 적용되어 새로운 산업을 탄생시킨다. 예를 들어 우주 방사선을 막는 기술은 의료 분야에 적용되어 암 치료 효과를 높이고, 우주 환경에서 사용되는 가벼운 소재는 항공기나 자동차 등에 활용되어 기술 혁신을 가져온다. 이 밖에도 우주 관광이나 우주 자원 개발, 우주 정거장 건설 등 우주 산업의 미래는 무궁무진하다. 반도체 기술이 현재 우리나라의 경제에 중요한 역할을 하고 있다면, 미래에는 우주 개발 산업이 그 바통을 이어받게 될 것이다.

▲ 우주를 향한 도전을 이어 가야 하는 이유 ②: 우주 개발은 경제적 이익을 가져다준다.

셋째, 우주 개발은 국력 강화에 기여한다. 우주 미사일 방어 체계 기술과 위성을 통한 정보 수집은 오늘날 국가 안보에 중요한 요소이다. 우주 미사일 방어 체계는 지구 궤도에 배치된 위성을 통해 적의 미사일을 탐지하고 요격하는 시스템을 말한다. 군사 분야와 위성을 통한 정보 수집에서도 우리나라가 뛰어난 기술력을 확보하게 된다면 이를 통해 다른 나라들과의 협력을 강화하고 세계에 우리나라의 영향력을 높일 수 있는 기회가 될 것이다.

▲ 우주를 향한 도전을 이어 가야 하는 이유 ③: 우주 개발은 국력 강화에 기여한다.

우주를 향한 끝없는 도전을 통해 세계적인 우주 경제 강국의 목표를 이뤄야 한다. [현재 우리나라는 세계적인 우주 경제 강국을 목표로 나아가고 있다. 엄청난 잠재력을 지니고 있는 우주를 향해 끝없이 도전한다면 언젠가는 현실이 될 것이다.] *글쓴이의 주장*

▲ 우주를 향한 도전을 통해 세계적인 우주 경제 강국의 목표를 이뤄야 한다.

낱말 읽기

1 우주 2 국력 3 도전

의견 파악하기

5 신문 기사 (가)는 우주 관광을 예로 들어, 국가 일부 부유층만 누릴 수 있는 우주 관광에 막대한 예산이 투자되는 것은 비용적으로 큰 손해라고 하였다.
신문 기사 (나)는 막대한 양의 이산화 탄소를 배출하는 우주 관광은 오존층 파괴와 기후 변화에도 악영향을 미친다고 하였다.

주장을 뒷받침하는 근거 읽기

6 신문 기사 (가), (나) 모두 우주 개발에 대한 투자에 부정적인 입장이 담겨 있다.

7 **예시 답안 1** 나는 우주 개발에 찬성한다. 왜냐하면 우주 개발은 인류의 생존과 관련된 중요한 문제이기 때문이다. 지구는 이미 지나친 개발로 인한 환경 파괴와 기상 이변이 곳곳에서 일어나며 위기를 맞고 있다. 우주 개발은 우리가 다른 행성에서 살 수 있는 가능성을 탐구하고, 우주 자원을 활용하여 지구의 부담을 줄이는 데에 도움이 될 수 있다.
예시 답안 2 나는 우주 개발에 반대한다. 왜냐하면 전문적인 비용에 비해 얻을 수 있는 결과는 확실하지 않기 때문이다. 우주가 아닌 우리가 생활하는 지구에도 해결해야 할 수많은 문제들이 존재한다. 언뜻 화려해 보이는 우주 개발에 시간과 노력과 비용을 낭비하는 것보다 전쟁, 기아, 환경 파괴 등 지금 지구에 닥친 문제를 먼저 해결하려는 노력이 필요하다.

우주 개발에 대한 의견을 정하고, 의견을 뒷받침하는 까닭을 객관적인 표현을 사용하여 정확하게 나타냈습니다.	^_^
우주 개발에 대한 의견과 의견을 뒷받침하는 까닭을 썼으나, 주관적인 표현이나 모호한 표현 등 단정하는 표현이 나타나 있습니다.	:)
우주 개발에 대한 의견과 의견을 뒷받침하는 까닭이 서로 어울리지 않습니다.	:(

64~65쪽

1 ①, ③ **2** (2)× **3** ⑤ **4** ④ **5** (1)② (2)① **6** (2)○
7 예시 답안 참고

세부 내용 파악하기

1 ②, ⑤는 3문단에서 찾을 수 있고, ④는 1문단에 나타나 있다.
① ➡ 우주 방사선을 막는 기술은 이론 분야에 적용되어 암 치료 효과를 높이고, 우주 환경에서 사용되는 개발 소재가 항공기나 자동차 등에 활용된다는 내용이 4문단에 나온다.
③ ➡ 우리나라는 2027년까지 우주 개발에 대한 예산을 연간 1조 5,000억 원 이상으로 확대할 예정이라는 내용이 1문단에 나온다.

낱말의 쓰임 읽기

2 국어사전에 실린 각 낱말의 뜻을 바탕으로 글에서 어떤 의미로 쓰였는지 적용해 본다.
ⓛ '식물'은 세계에 주요 강대국은 오래전부터 인류에게 무한한 가능성을 제공해 주는 우주 개발에 온 마음과 힘을 기울여 왔다는 것을 나타내기 위해 쓴 말이다.

글쓴이 목적 파악하기

3 이 글에 나타난 글쓴이의 주장은 세계의 주요 강대국처럼 우리나라도 우주를 향한 도전을 계속 이어 가야 한다는 것이다.

주장하는 글의 특징 읽기

4 이 글은 자신의 견해나 관점을 정확히 나타낼 수 있는 표현을 사용하여 우주 개발에 대한 주장을 밝히고 있다.

10

문제 해결을 이끄는 토의

토의 주제에 ∼

토의 주제에 대한 [ ]

토의에서 결정된 의견에 ○

★ 새로 알게 된 낱말이나 어려운 낱말을 써 보세요.

3회독　★ 내가 표시한 내용과 해설과 비교하며 읽어 보세요.

아름답고 안전한 학교 만들기

사회자: 안녕하세요. 오늘의 토의 주제는 '아름답고 안전한 학교를 만들기 위해 우리가 할 수 있는 일은 무엇인가?'입니다. 우리가 실천할 수 있는 방안을 중심으로 의견을 말씀해 주시면 좋겠습니다.

▲ 토의 주제 제시: 아름답고 안전한 학교를 만들기 위해 우리가 할 수 있는 일은 무엇인가?

김혜성: 저는 학생들이 [학교 뒤뜰 담장에 벽화와 더불어 어린이 교통 안전시설을 직접 그려 볼 것을 제안합니다.] 현재 하교 뒤뜰 담장은 시간이 지나면서 페인트칠이 군데군데 벗겨져 보기에 좋지 않고, 바로 앞에 있는 횡단보도에서 크고 작은 교통사고가 자주 발생하기 때문입니다. 담장에 우리들이 직접 그림을 그린다면 그 과정을 통해 교통안전에 대한 경각심을 일깨우는 기회가 될 것이고, 등하굣길 분위기도 산뜻하지 않고 학교가 더 아름다워질 것입니다.

순윤하: 저는 [복도와 계단에서 아이들이 우측통행을 할 수 있도록 통행 선을 표시할 것을 제안합니다.] 쉬는 시간이나 방과 후에 아이들이 복도와 계단에서 뛰다가 부딪히거나 넘어져 다치는 경우를 볼 수 있습니다. 그래서 복도와 계단 가운데에 세 테이프를 붙여 구분하고, 양쪽에 통행 방향을 표시한다면 학생들이 우측통행을 유도할 수 있다고 생각합니다.

이수진: 저도 동의합니다. 우리가 직접 테이프를 붙이면 더 의미가 있을 것 같습니다. 그리고 또 복도와 계단에서 포스터를 붙이고 우측통행을 하자는 [포스터와 피토그램을 만들어 복도에 계단에 붙이면 좋을 것 같습니다.]

정민기: 저는 [우리 학교의 남는 교실을 학생들의 놀이 공간으로 꾸며 보면 좋을 것 같습니다.] 놀이터와 운동장은 학생 수에 비해 좁고, 또 멀거나 추울 때 우리들이 놀 수 있는 공간이 많지 않습니다. 아름답고 안전한 실내 놀이 공간이 생긴다면 참 좋을 것 같습니다.

▲ 의견 나누기:
• 복도와 계단에서 우측통행을 할 수 있도록 통행 선을 표시하거나, 포스터와 피토그램을 만들어 붙이자.
• 학교의 남는 교실을 학생들의 놀이 공간으로 꾸며 보자.

사회자: 네, 여러 가지 의견 감사합니다. 그럼 여러 의견 중에서 우리가 실천할 수 있는 의견을 논의해 볼까요? 어떤 의견이 좋을지 이야기해 주시기 바랍니다.

김대빈: 모든 의견이 좋지만, 우리들의 힘으로 실천하기에는 힘든 의견도 있습니다. 저는 우리들이 직접 실천할 수 있는 의견으로 복도와 계단에 통행 선을 실시하고 주변에 포스터와 피토그램을 만들어 붙이자는 의견이 바람직하다고 생각합니다.

▲ 토의 주제에 대한 의견

박유진: 네, 저도 동의합니다. 비용이 많이 들고, 우리끼리 결정할 수 없는 것은 나중에 선생님과 상의해 보도록 하고, 이번에는 순윤하, 이수진 학생의 의견을 실천해 보면 좋겠습니다.

사회자: 모두 동의하시나요?

참여자: 네, 동의합니다.

▲ 의견 결정하기: 복도와 계단에 통행 선을 표시하고 주변에 포스터와 피토그램을 만들어 붙이자는 의견에 모두 동의함.

사회자: 아름답고 안전한 학교를 만들기 위해 우리가 할 수 있는 일에 대한 실천 방법으로 (복도와 계단에 통행 선을 표시하고 주변에 포스터와 피토그램을 만들기)로 의견을 모았습니다. 학생회를 중심으로 잘 실천해 보았으면 좋겠습니다. 각 학급의 대표들답게 바른 태도로 토의에 참여해 주신 여러분, 고맙습니다. 이상으로 토의를 마치겠습니다.

토의에서 결정된 의견

▲ 토의 요약과 마무리: 토의 주제에 대해 결정한 의견을 학생회를 중심으로 잘 실천해 보았으면 좋겠음.

독해 읽기

1 주제　2 의견　3 실천

토의 내용 평가하기

5 이 토의에서 사회자는 우리가 실천할 수 있는 방안을 중심으로 의견을 말하도록 안내하였고, 토의 참가자들은 자신의 의견을 그렇게 생각하는 까닭과 함께 말하였다. 그리고 여러 의견 중 우리가 실천할 수 있는 것은 무엇인지, 토의 참가자들끼리 의견을 나누어 결과를 이끌어 내었다.

토의 주제에 알맞은 의견 말하기

6 사진에 제시된 옐로 카펫과 노란 발자국은 둘 다 어린이들이 안전한 곳에서 횡단보도 신호를 기다릴 수 있도록 만든 교통 안전시설로 '어린이 교통사고 예방을 위한 방법'이라는 토의 주제에 알맞은 실천 방안이다.

7 **예시 답안** 저는 우리 학교 등굣길 모퉁이에 있는 쓰레기 수거 장소를 다른 곳으로 바꾸어야 한다는 내용의 편지를 다 같이 써서 매주 주민 센터에 보낼 것을 제안합니다. 우리 학교 등굣길 모퉁이에는 매주 한 번씩 쓰레기 더미가 쌓입니다. 그래서 아침에 등교할 때 아이들은 쓰레기 더미를 피해 도로로 내려가거나 좁아진 인도를 지나면서 눈살을 찌푸립니다. 이것을 보기에도 좋지 않을 뿐만 아니라 위험하기도 하기 때문에 쓰레기 수거 장소를 다른 곳으로 바꿔야 한다고 생각합니다.

＞∇＜	토의 주제와 관련된 의견과 의견을 뒷받침하는 까닭을 알맞게 썼습니다.
:-)	토의 주제와 관련된 의견을 알맞게 썼지만, 의견을 뒷받침하는 까닭이 적절하지 않습니다.
:-(	토의 주제와 관련된 의견과 의견을 뒷받침하는 까닭을 알맞게 쓰지 못했습니다.

70~71쪽

1 ③ 2 (1) ④ (2) ③ (3) ① (4) ② 3 (2) ○ 4 ④ 5 ③
6 지안 7 예시 답안 참고

세부 내용 파악하기

1 토의 요약과 마무리 부분에서 사회자가 '각 학급의 대표들답게 바른 태도로 토의에 참여해 주신 여러분'이라고 한 부분에서 토의 참가자가 누구인지 알 수 있다. ②는 정민이의 말에, ⑤는 순호아의 말에 나타나 있다. ③은 현재 학교 뒤뜰 담장은 시간이 지나면서 페인트칠이 군데군데 벗겨져 보기에 좋지 않다고 한 김해성의 말에서 페인트칠을 한 지 오래되었다는 것을 짐작할 수 있다.

토의에 쓰이는 용어 알기

2 토의에 쓰이는 용어의 뜻을 잘 알아 두고 바르게 사용한다.
(1) ㉠'실천' ➡ 생각한 바를 실제로 행함.
(2) ㉡'의견' ➡ 어떤 대상에 대하여 가지는 생각.
(3) ㉢'논의' ➡ 어떤 문제에 대하여 서로 의견을 내어 토의함.
(4) ㉣'동의' ➡ 남과 의견이 같거나, 그 의견에 찬성함.

알맞은 토의 주제 알기

3 토의는 공동의 문제를 해결하려고 여러 사람이 의견을 주고받는 협력적인 말하기이므로, 토의 주제는 다양한 의견을 나눌 수 있는 공동의 문제에 대한 것이어야 한다.
(1)은 공동의 문제에 해당하는 내용이 아니다.
(3)은 찬성과 반대로 나누어 각각의 의견을 말하며 논의하는 토론 주제로 알맞다.

토의 참여 태도 알기

4 바람직한 토의 자세는 자신과 다른 의견도 존중하며 더 나은 해결 방법을 찾기 위해 협력하는 것이다. ④와 같이 '내 의견이 받아들여질 때까지 설득한다.'는 올바른 토의 자세가 아니다.

11 시에 반영된 사회·문화적 상황

3회독 ✦ 내가 표시한 내용과 예시 교재와 비교하며 읽어 보세요.

옹달주머니

1연

망월지에서 태어난
새끼 두꺼비들이
<u>중심글감</u>
목숨을 걸고
옥수골로 (간다.)
└ 운율이 느껴지는 부분

2연

[치이고]
깔리고 ← 사회·문화적 상황이 나타난 부분
지치고
멱혀도

3연

기어이
(간다.)
(가고 만다.)

4연

살아남은
두꺼비는 울지 않는(다.)

5연

두꺼비는
옹달주머니가 없(다.)

운율이 느껴지는 부분에 ○
중심 글감에 ~~~
사회·문화적 상황이
나타난 부분에 [   ]

✦ 새롭게 알게 된 낱말이나
어려운 낱말을 써 보세요.

_____

_____

_____

_____

_____

1연
망월지에서 알을 깨고 나온 새끼 두꺼비들은 서식지인 옥수골로 서서히 옥수골로 가려면 목숨을 걸어야 한다.

2연
망월지에서 옥수골로 가는 길에는 차에 치이고, 깔리고, 가다가 지치고, 천적에게 먹히는 등 온갖 위험이 도사리고 있다.

3연
하지만 어떤 어려움이 있어도 새끼 두꺼비들은 기어이 옥수골로 가고야 만다.

4연
망월지에서 옥수골로 가는 동안 새끼 두꺼비들은 많은 친구와 가족을 잃었다. 하지만 살아남은 두꺼비는 울지 않는다.

5연
옹달주머니가 없는 두꺼비는 어려운 환경(사람으로 인해 생긴 생태계 및 환경 파괴)을 묵묵히 견디며 또 살아간다.

스스로 읽기

1 목숨   2 옹달주머니   3 두꺼비

78~79쪽

1 (1)○ **2** ④,⑤ **3** ⑤ **4** 예솔 **5** (2)○
6 어려움 **7** 예시 답안 참고

내용 이해하기

1 이 시의 1연에서 망월지에서 태어난 새끼 두꺼비들은 무습을 걸고 우수굴로 간다고 하였다. 따라서 두꺼비는 태어난 곳과 자는 곳이 다르다는 것을 짐작할 수 있다.

(2) ➡ 5연에서 두꺼비는 울음주머니가 없다고 하였다.

(3) ➡ 두꺼비들의 이동을 사람들이 막으려고 했다는 것은 나타나 있지 않다.

운율이 느껴지는 부분 찾기

2 이 시의 2연은 각 행의 글자 수를 세 글자로 같게 하고, 비슷한 형태의 글자(~고, ~도)로 끝을 맺어 운율이 느껴진다.

사회·문화적 상황 파악하기

3 이 시에 나타난 사회·문화적 상황은 새끼 두꺼비가 망월지에서 우수골로 이동하는 길에 도로가 생겨서 새끼 두꺼비들이 치이고 밟힌다는 것이다.

말하는 이의 관점 파악하기

4 말하는 이는 사람으로 인해 생태계 및 환경이 파괴되는 상황에서도 어려움을 묵묵히 견디며 살아남은 두꺼비들이 강인하다고 생각한다.
4~5연에서 새끼 두꺼비는 많은 친구와 가족을 잃고 싶은 마음껏 울고 싶을 텐데 울지 않고 참는다. 울기 위한 울음주머니조차 없다. 생존을 위해 목숨을 히 견디며 강인하게 살아가는 두꺼비의 모습을 표현한 것이다.

감상하기

5 울타리를 사용하여 야생 동물을 무작정 장소나 방향으로 이끄는 것을 '유도 울타리'라고 하고, 야생 동물이 자유롭게 이동할 수 있도록 도로 위로 산과 연결하여 다리를 놓거나 도로 아래로 굴을 파서 마련해 놓은 통로를 '생태 통로'라고 한다. 유도 울타리와 생태 통로는 야생 동물이 로드킬을 예방하기 위한 사람들의 노력에 해당한다.

적용하기

6 두꺼비가 어려움을 감수하면서 서식지와 산란지를 이동하는 까닭이 나타나 있는 글이다.

7 예시 답안 새끼 두꺼비야, 이 시를 읽고 너희들이 살아가는 환경에 대해 생각해 보게 되었어. 새끼들이 좀 더 안전한 곳에서 태어나길 바라며 위험을 무릅쓰고 이동하는 어미 두꺼비의 마음과 살기 위해 목숨을 걸고 서식지를 찾아가야 하는 너희들의 상황이 무척 안타깝게 느껴졌어. 새끼들이 한 마리라도 더 살기를 바라는 어미 두꺼비의 마음으로 생태계 및 환경을 보호하는 일에 관심을 가지고 노력할게.

:D	시에 나타난 상황을 알맞게 이해하고, 새끼 두꺼비에게 전하고 싶은 마음을 잘 표현하여 썼습니다.
:)	시에 나타난 상황은 알맞게 이해하였으나, 새끼 두꺼비에게 전하고 싶은 마음을 구체적으로 표현하지 못했습니다.
:(	시에 나타난 상황을 알맞게 이해하지 못하여, 새끼 두꺼비에게 전하고 싶은 마음과 상황이 어울리지 않습니다.

12
매체에 담긴 관점

★ 내가 표시한 내용과 예시 답들 비교하며 읽어 보세요.

 중심 글감에 ○
 글쓴이가 하고자 하는 말에 ～
대중 매체와 뉴 미디어의 특징이 나타난 문장에 [ ]

★ 새로 알게 된 낱말이나 어려운 낱말을 써 보세요.

3회독

대중 매체와 뉴 미디어

1 (대중 매체)는 신문, 잡지, 영화, 텔레비전과 같이 많은 사람에게 대량의 정보를 전달하는 수단이다. 과거에는 주로 대중 매체를 통해 새로운 소식을 접하고 사회 등을 이해했다. 하지만 최근에는 정보 통신 기술의 발달로 개인 인터넷 방송, 사회관계망 서비스[SNS] 등 인터넷을 중심으로 하는 (뉴 미디어)가 우리의 일상에 자리 잡았다.

▲ 과거에는 주로 대중 매체를 통해 새로운 소식을 접하고 사회를 이해했지만, 최근에는 뉴 미디어가 우리의 일상에 자리 잡았다.

2 대중 매체와 뉴 미디어는 하나의 사실을 바라보는 관점이 서로 다르다. [대중 매체는 보편적인 사실 위주로 소식을 전하는] 반면, [뉴 미디어는 주로 사람들이 흥미로워할 내용이나 현장감 위주로 소식을 전한다.] 이러한 차이는 사회적 논점을 대하는 방식을 통해서도 살펴볼 수 있다.

▲ 대중 매체와 뉴 미디어는 하나의 사실을 바라보는 관점이 서로 다르다.

대중 매체와 뉴 미디어에 담긴 관점의 차이

3 다음은 최근 물가 인상을 다룬 다른 한 신문의 보도 내용이다.

최근 커피, 조리면 등 식료품 가격이 이어 인상된 데 이어 건전지, 면도기 등 생활용품 가격 인상이 예고되면서 가계 부담을 더하고 있다. 통계청 생활물가 지수에 따르면 지난달 주요 생활용품 가격은 2년 전과 비교해 10퍼센트 이상 상승했다. 경제 전문가들은 당분간 이러한 물가 상승추세가 지속될 것이라고 전망했다.

이처럼 [대중 매체는 통계 자료나 전문가의 의견을 활용하여 현재 일어나고 있는 상황을 객관적으로 전달한다.]

▲ 대중 매체는 현재 일어나고 있는 상황을 객관적으로 전달한다.

4 반면에 개인 인터넷 방송이나 SNS에서 물가 관련 내용을 검색하면 '마트에서 만 원으로 장 보기', '물소로 느낀 서울 물가 체험'처럼 개인 자신의 생활 모습을 공유하는 콘텐츠가 주를 이룬다. 이처럼 [뉴 미디어는 개인이 누구나 콘텐츠를 제작하는 생산자가 될 수 있기 때문에 보다 생생하게 현장을 기반으로 콘텐츠를 제작하고 소통]하는 모습을 볼 수 있다. ▲ 뉴 미디어는 개인의 현장을 기반으로 콘텐츠를 제작하고 소통한다.

5 또 최근 증가하고 있는 해외 여행에 대한 정보에서도 그 차이를 느낄 수 있다. 대중 매체의 보도 자료는 다음과 같다.

한국 관광 공사에 따르면 2023년 해외로 여행을 떠난 국민은 전년 대비 246.6 퍼센트 증가한 약 2,271만 명이다. 전 세계적으로 전염병이 유행한 당시 100만 명까지 떨어졌던 해외 여행객 수가 급격하게 늘어난 것이다.

이와 같이 [대중 매체는 공신력 있는 자료를 근거로] 해외 여행이 증가하는 현상을 설명하고 있다.

▲ 대중 매체는 공신력 있는 자료를 근거로 현상을 설명한다.

6 하지만 뉴 미디어에서 볼 수 있는 여행 콘텐츠들은 [자신이 겪은 일이 중심이] 된다. 대중 매체에서 다 담지 못하는 세계 각국의 세세한 현장 모습을 실감 나게 전달하고, 자신만의 여행 비법을 알려 준다. 일부에서는 '우범 지대 여행기'처럼 자극적인 영상으로 사람들의 흥미를 끌려고 하여 문제가 되기도 한다.

▲ 뉴 미디어는 자신이 겪은 일을 중심으로 내용을 전달하면서 자극적인 영상으로 사람들의 흥미를 끌려고 하여 문제가 되기도 한다.

7 이처럼 대중 매체와 뉴 미디어에 담긴 관점이 다르기 때문에 그것을 대하는 태도도 달라야 한다. 물론 두 매체 모두 정보를 비판적으로 수용하고 해석해야 하지만, 뉴 미디어에서 제공되는 정보는 좀 더 경각심을 가지고 살펴보아야 한다. 또한 뉴 미디어는 필요한 정보를 능동적으로 찾으며 소통하는 공간이기 때문에 사람들 사이에 예절을 지키며 정보를 탐색하는 자세가 필요하다.

▲ 대중 매체와 뉴 미디어에 담긴 관점이 다르기 때문에 그것을 대하는 태도도 달라야 한다.

 구조 읽기

1 대중 2 관점 3 태도

1 ③ 2 ③ 3 ① 4 (1)① (2)② 5 ⑥ 6 ⑤
7 예시답안 참고

중심 생각 파악하기

1 ①~⑤ 모두 이 글에 나타나 있는 내용으로, 이 중 글쓴이가 하고자 하는 말은 ③이다. 글쓴이는 대중 매체와 뉴 미디어에 담긴 관점의 차이를 예를 통해 설명하고, 이처럼 대중 매체와 뉴 미디어에 담긴 관점이 다르기 때문에 그것을 대하는 태도도 달라야 한다고 말하고 있다.

세부 내용 파악하기

2 대중 매체가 보편적인 사실 위주로 소식을 전한다는 내용이 2 문단에 나타나 있다. 반면에 뉴 미디어는 주로 사람들이 흥미로워할 내용이나 현장감 있는 위주로 소식을 전한다고 하였다.

문맥 파악하기

3 뉴 미디어는 필요한 정보를 '능동적'으로 찾으며 소통하는 공간이다.
① '능동적': 다른 것에 이끌리지 아니하고 스스로 일으키거나 움직이는 것.
② '보편적': 모든 것에 두루 미치거나 통하는 것.
③ '소극적': 스스로 나아가거나 상황을 개선하려는 노력이 부족하고 활동적이지 못한 것.
④ '수동적': 스스로 움직이지 않고 다른 것의 작용을 받아 움직이는 것.
⑤ '이기적': 자기 자신의 이익만을 꾀하는 것.

매체의 특성 구분하기

4 (1)은 보편적인 사실 위주로 소식을 전하고 있기 때문에 대중 매체에 어울리는 내용이고, (2)는 주로 사람들이 흥미로워할 내용이나 현장감 위주로 소식을 전하고 있기 때문에 뉴 미디어에 어울리는 내용이다.

매체의 특성 이해하기

5 '사용자 1위의 영광 뒤 자극적 콘텐츠 논란'이라는 신문 기사에서는 가짜 뉴스와 폭력적이고 자극적인 소재의 콘텐츠가 범람하는 것이 문제라는 내용을 다루고 있다. 이 글의 6 문단에 뉴 미디어에서 일부 자극적인 영상으로 사람들의 흥미를 끌려고 하여 문제가 되기도 한다는 내용이 나타나 있다.

자료 읽기

6 방송 규제 비교 표의 내용을 살펴보면 텔레비전 방송은 공적 책임이 있고, 편성·채널 구성에 규제도 있다. 또한 방송 보존과 사전 심의는 의무인 것을 알 수 있다. 하지만 인터넷 개인 방송은 공적 책임이나 규제, 의무 등에서 자유롭다. 이런 사실을 바탕으로 인터넷 개인 방송은 텔레비전 방송보다 잘못된 정보가 많을 수 있으므로 그 내용이 사실인지 아닌지 꼼꼼히 따져 보아야 한다는 것을 짐작할 수 있다.

7 예시답안 뉴 미디어는 내가 보고 싶은 것만 골라서 내가 보고 싶은 시간에 볼 수 있다는 장점이 있다. 그리고 궁금한 내용을 물어보면 바로바로 답을 얻을 수 있어서 좋다. 단점은 너무 개인적이고 주관적인 내용이나 가짜 뉴스도 많기 때문에 생각을 가지고 살펴봐야 한다는 것이다. 또한 폭력적이고 자극적인 내용에 중독되지 않도록 조심해야 한다.

>:D	뉴 미디어의 특성을 바르게 파악하였고, 대중 매체와 뉴 미디어의 장점과 단점을 알맞게 썼습니다. 또는 대중 매체와 명확히 구분되는 뉴 미디어의 장점과 단점을 알맞게 썼습니다.
:)	뉴 미디어의 특성을 바르게 파악하였지만, 대중 매체에 명확히 구분되지 않는 매체의 장점과 단점을 썼습니다.
:(	뉴 미디어의 특성을 바르게 파악하지 못하여, 뉴 미디어의 장점과 단점을 알맞게 쓰지 못했습니다.

13
줄임말과 새말

- 중심 글귀에 ○
- 글에 나타난 문제 〰
- 글쓴이가 글을 쓴 의도에 [ ]

★ 새로 알게 된 낱말이나 어려운 낱말을 써 보세요.

_____
_____
_____
_____
_____

---

3 회독 ★ 내가 표시한 내용과 해설의 내용을 비교하며 읽어 보세요.

줄임말과 새말, 이대로 괜찮을까

가 아침에 조금 늦게 일어난 아름이는 재빨리 준비를 마치고 부엌으로 가 식탁에 앉았다. 어머니는 고기를 굽고 계셨다. 평소라면 맛있게 먹었겠지만 내일이 걱정 되는 아름이는 잘 먹지 못했다.

"엄마, 저 내일 줄사예요. 지난주에 말씀드렸잖아요. 줄임 사진 찍는다고."
어머니는 가슴을 쓸어내리며 말씀하셨다.

"갑자기 죽는 게 줄사야, 갑자기 줄에 죽을 사. 깜짝 놀랐잖니!"
고개를 절레절레 저으며 고기를 한 점 집던 아름이가 말했다.

"그래서 내일은 무안무로 자연스럽게 가려는데, 괜찮을지 걱정이에요."
고기를 한 접시 가져오시던 어머니는 빙그레 웃으셨다.

"내일 고기는 꿈(꿀)꿨겠다고? 이렇게 늦게 일어나서 시간이 되려나."
꾸민 듯 안 꾸민 듯 한 느낌으로 줄임 사진을 적겠다고 그냥 고기만 계속 입에 넣었다.
말을 이해하지 못하시는 어머니가 어머니가 답답하여 그냥 고기를 적겠다고 이미 넣어 계속 입에 넣었다.

▲ 줄임말을 사용하면서 의사소통에 어려움이 답답하여 어머니는 이해하지 못하셨다.

나 인터넷에 글이 하나 올라왔다. 한 누리꾼의 사연이었는데, 이 글이 새말로 인한 의사소통의 어려움과 관련하여 큰 화제가 되었다. 피자 가게를 운영하는 사연 속 아버지는 어느 날 가게 후기를 확인하다가 깜짝 놀랐다. '온정빵까까'이라는 댓글 들을 보았기 때문이다. 얼마나 맛이 없었길래 이런 그림일체 쓰는 그림일체까지 사용하여 댓글을 남긴 것일까 생각하며 아버지는 망연자실하였고 그 모습을 본 어머니가 말에게 '온정빵까까'이 무슨 뜻인지 물어 본 것이다. 딸은 그 말이 요즘 사람들이 '너무 맛 있다'라는 뜻으로 쓰는 말이라고 답했고 그제야 두 분은 안심했다고 한다. 맛있다 고 칭찬하는 말을 맛이 없다는 말로 이해한 웃지 못할 사연이었다.

▲ 새말을 사용하면서 의사소통에 어려움이 생긴 사례: 가게 후기에 맛있다고 칭찬하는 말을 쓴 것을 맛이 없다는 뜻이 없다는 뜻으로 이해하였다.

다 세종 대왕이 1443년 창제한 한글은 과학적이고 실용적이어서 전 세계적으로 그 우수성을 인정받았다. 하지만 요즘 청소년과 젊은 층은 <줄임말과 새말>을 과도하게 사용하여 의사소통에 문제가 생기거나 우리말이 파괴되는 경우가 많아 지고 있다. 인터넷과 사회관계망 서비스[SNS]의 발달로 빠른 소통이 강조되면서 줄임말과 새말은 꾸준히 생겨나고 있다. 그 수가 얼마나 많은지 '별다줄(별걸 다 줄인다)'이라는 말까지 생겨났다.

▲ 청소년과 젊은 층에서 줄임말과 새말을 과도하게 사용하여 의사소통에 문제가 생기 거나 우리말이 파괴되는 경우가 많아지고 있다.

청소년을 대상으로 올바른 한글 사용에 대한 설문 조사를 실시하였을 때 전체 응답자의 72퍼센트가 '맞춤법을 신경 쓰지만 습관적으로 줄임말과 새말을 사용한 다.'라고 답하였다. 실제로 하교 선생님들은 학생들이 줄임말, 새말과 표준어를 구 별하지 못하여 공적인 상황에서도 이를 무분별하게 쓰는 경우가 많다고 지적하였 다. 줄임말과 새말을 사용하는 까닭으로는 많은 응답자가 '짧게 말하고 쓰는 것이 편하기 때문'이라고 답했다. 반면 청소년의 67퍼센트가 줄임말과 새말을 사용하 며 불편함을 느꼈다고 하였고, 그중 '저속한 표현이나 막말이 유행일 때는 듣기가 힘들다'라는 응답이 43퍼센트에 답하였다.

▲ 청소년 대상 설문 조사 결과 많은 학생들이 습관적으로 줄임말과 새말을 사용하고 있 으나, 청소년 스스로도 문제를 인식하고 있다.

최근 방송 통신 심의 위원회는 방송에서 줄임말이나 새말을 과도하게 사용하여 우리말이 훼손되고 있다며 이를 감독하겠다고 밝혔다. 청소년들이 방송에서 나오 는 줄임말과 새말을 그대로 받아들여 사용하는 문제를 해결하겠다고 밝은 것을 것 인 것이다. [청소년 스스로도 문제의식을 가지고 자신의 언어 습관을 돌아볼 필요 가 있다.]

글쓴이가 글을 쓴 의도

▲ 방송 통신 심의 위원회는 방송에서 줄임말이나 새말의 과도한 사용을 감독하겠다고 밝혔고, 청소년 스스로도 자신의 언어 습관을 돌아볼 필요가 있다.

 주제 읽기

1 줄임말 2 새말 3 방송

1 ④ **2** ④ **3** (1)× (2)○ (3)○ **4** ②,⑤ **5** ③
6 서연 **7** 예시 답안 참고

중심 글감 파악하기
1 줄임말과 새말을 사용하면서 의사소통에 어려움이 생긴 사례를 글 ㉮, ㉯에서 소개하고, 글 ㉰에서 청소년 스스로 문제의식을 가지고 자신의 언어 습관을 돌아볼 필요가 있다고 주장하는 글이다.

낱말의 뜻 알기
2 '쓸어내리다': ('가슴' 등과 함께 쓰여) 곤란하거나 어려운 일, 근심, 걱정 등이 해결되어 마음을 놓다.
① 마음에 없다: 무엇을 하거나 가지고 싶은 생각이 없다.
② 마음을 열다: 자기의 마음을 다른 사람에게 터놓거나 다른 사람의 마음을 받아들이다.
③ 마음에 차다: 마음에 흡족하게 여기다.
⑤ 마음을 주다: 마음을 숨기지 아니하고 가까이 내보이다.

세부 내용 파악하기
3 청소년이 가장 많이 사용하는 줄임말이 무엇인지는 이 글에 나타나 있지 않다.
(2) 줄임말과 새말이 구조적이 생겨나는 기준은 글 ㉰에서 찾을 수 있다. ➡ 인터넷과 사회관계망 서비스[SNS]의 빠른 소통으로 빠른 소통과 줄임말과 새말은 구조화되고 있다.
(3) 청소년이 줄임말과 새말을 사용하는 기준은 글 ㉰에 나타나 있다. ➡ 줄임말과 새말을 사용하는 기준으로는 많은 응답자가 짧게 말하고 쓰는 것이 편리기 때문이라고 답했다.

세부 내용 파악하기
4 ②는 글 ㉰의 '실제로 학교 선생님들은 학생들이 줄임말, 새말과 표준어를 구별하지 못하여 공적인 상황에서도 이를 무분별하게 쓰는 경우가 많다고 지적하였다.' 부분에서 알 수 있다.
⑤는 글 ㉮, ㉯의 사례를 통해 알 수 있다.

5 글 ㉮에 나타난 '줄사', '꾸안꾸', 글 ㉯에 나타난 '존맛탱'은 언어는 그 언어를 사용하는 사람들 사이의 약속이라는 '언어의 사회성'이 지켜지지 않아 의사소통에 어려움이 생긴 것이다.

글쓴이의 의도 파악하기
6 글 ㉰에서는 줄임말과 새말을 과도하게 사용하여 의사소통에 문제가 생기거나 우리말이 파괴되는 경우가 많아지고 있다는 것을 지적하였고, 제시된 글에서는 줄임말과 새말에 익숙해지면서 표준어와 맞춤법 문제이 낮아지고 있다는 것을 지적하였다. 이러한 문제의식을 잘 파악하여 말한 친구는 서연이다.

7 예시 답안 나도 처음 들으면 무슨 뜻인지 전혀 모르겠는 줄임말과 새말이 계속해서 생겨나고 있다. 친구들과 정정적으로 그런 말들을 쓰다 보니 수업 시간에 발표할 때 나도 모르게 줄임말을 썼다가 선생님께서 다시 알맞게 표현해 보라고 하신 적도 있었다. 많은 습관이 된다. 내 생각과 감정을 분명하게 전달할 수 있는 올바른 우리말 표현을 사용하도록 노력해야겠다.

😄	자신의 언어 습관을 돌아보고 반성할 점이나 칭찬할 점과 함께, 올바른 우리말을 사용하기 위한 다짐을 잘 정리하여 썼습니다.
🙂	자신의 언어 습관을 바르게 돌아보지 못하였거나, 올바른 우리말을 사용하기 위한 다짐을 알맞게 정리하지 못했습니다.
🙁	자신의 언어 습관을 바르게 돌아보지 못하고, 올바른 우리말을 사용하기 위한 다짐도 알맞게 정리하지 못했습니다.

14 이야기의 서술자

이야기의 서술자에 ○
'나'의 마음이 드러난 부분에 〰
중심 사건에 [ ]

✦ 새로 알게 된 낱말이나 어려운 낱말을 써 보세요.

3 회독 ✦ 내가 표시한 내용과 예시 답을 비교하며 읽어 보세요.

휴게소 가족

잠에서 깨니 도로 위다. [엄마 아빠는 낮은 목소리로 또 싸우는 중이다.] (내)게 들릴까 봐 목소리를 낮춘 거겠지만 여기는 자동차 안이다. 앞자리와 뒷좌석이 얼마나 가까운지 엄마와 아빠는 정말 모르는 걸까. 아무리 내가 잠들어 있다고 생각한대도 말이다. / "하여튼 나는 못 키워." / "정말 이렇게 나올 거야?"

중심 사건 / 이야기의 서술자

덜컹, 심장이 내려앉았다. 영화에 나오는 대사가 아니었다. 우리 엄마 아빠도 할 수 있는 말이었다. / "그럼 어쩌자고?" / "다른 데 맡겨. 당신이 혼자 키우든지."

'나'의 마음이 드러난 부분

엄마의 말에 아빠가 고개를 돌리고 창문을 내렸다. 바깥바람이 몰려들었다. 그 덕에 나는 참았던 숨을 후 내쉬었다. 눈을 감고 있는데도 눈물이 왈칵 쏟아졌다. 엄마 아빠가 나를 짐짝처럼 여기는 줄 몰랐다.

▶ 엄마와 아빠가 서로 '나'를 키우지 않겠다고 하며 싸운다고 생각했다.

내가 아니라면 엄마와 아빠는 진작 헤어졌을 사람들이다. 엄마와 아빠는 취미도, 좋아하는 음식도 다르다. 엄마는 책 읽기를 좋아하고 아빠는 테니스에 빠져 있다. 엄마는 설렁탕이나 김치찌개 같은 한식을 좋아하고 아빠는 주말 아침에 파스타나 햄버거 같은 느끼한 것만 찾는다. 휴가철이 되면 휴가지를 정하느라 또 싸운다. 엄마는 바다, 아빠는 산. (중략)

▶ '내'가 아니라면 엄마와 아빠는 진작 헤어졌을 사람들이다.

"누나, 그냥 다시 고르자." / "뭐?"

"엄마 아빠 후보 말이야. 말로는 엄청 너그러운 것 같지만 우리 엄마보다 더 힘든 사람 같아. 아빠 후보는 바보 같으면서도 고집이 세고, 친구들과 놀고 싶은데 맨날 온 가족이 같이 놀아야 한다고 하면 어쩌지?" / "그럼 저분들은 어쩌고?"

"아쉽지만 다음에 보자고 하지 뭐. 어차피 결정은 우리가 하는 거잖아."

"야, 그렇게 쉽게 말하면 어떡해?"

"뭐 어때. 우리 모두 쉽게 가족을 구하려고 했는데."

준이가 빙긋 웃으며 어깨를 으쓱했다. / "그나저나 저기 저 아주머니와 아저씨는 어때? 아까부터 계속 이 근처를 돌아다니는데."

준이가 가리킨 곳에는, 허둥지둥 나를 찾는 우리 엄마와 아빠가 있었다. 엄마의 얼굴은 눈물로 범벅이 되어 번들거렸고, 아빠는 우리 아빠답게 휴대폰을 얼굴에 꼭 붙이고 있었다. 그제야 주머니 속 내 휴대폰의 요란한 진동이 느껴졌다.

"저 사람들은 우리 엄마 아빠야. 매일 싸우고, 나를 책임지는 걸 서로 미루려고 하는……." / "그래? 지금은 별로 그래 보이지 않는데?"

▶ '나'는 준이와 엄마 아빠 후보를 고르다가 허둥지둥 '나'를 찾는 엄마 아빠를 발견했다.

"민서야! 민서야!" / 엄마 아빠가 나를 발견하고 허둥지둥 달려왔다.

"민서야! 왜 여기 앉아 있어. 말도 없이 차에서 사라지면 어떡해?"

"얘가 정말 겁도 없어! 어디를 가면 간다고 말해야 할 것 아니야! 전화를 얼마나 했는데……." / 바보처럼 눈물이 비칠비칠 새어 나왔다.

"날 어디에든 맡기라며? 찾긴 왜 찾아?" / "얘가 무슨 소릴 하는 거야?"

엄마와 아빠는 서로 마주 보았다. / "너, 설마 꼬미 얘기 듣고 그러는 거야?"

꼬미는 할머니의 강아지다. 꼬미 얼굴이 떠오르자 무릎과 어깨에 힘이 빠지면서 눈물이 차올랐다. 엄마가 눈물을 닦아 주었다.

"맞구나. [할머니가 편찮으셔서 이제 꼬미를 돌볼 수가 없대. 그래서 아빠가 우리 집에서 키우자고 했어. 나는 반대했는데.] 민서 네게 필요하다면 데려오자."

▶ 자동차 안에서의 이야기가 할머니의 강아지 꼬미에 대한 것이었음을 알게 되었다.

구조 읽기

1 자동차 **2** 꼬미

1 ③, ②, ①, ④ 2 ④ 3 (1) ① (2) ① 4 (1) ○
5 지안 6 ③, ⑤ 7 예시 답안 참고

글의 일어난 차례 파악하기

1 자동차 안에서 엄마 아빠가 싸우는 소리에 '내'가 잠에서 깨면서 이야기가 시작되고 있다.
③ '나'는 자동차 안에서 엄마 아빠가 싸우는 소리를 듣고, 엄마 아빠가 '나'를 걱정하 고 있다고 생각하였다.
 ② '나'는 말도 없이 차에서 사라져 준이와 함께 엄마 아빠 후보를 골랐다.
→ ① 허둥지둥 '나'를 찾는 엄마 아빠를 만났다.
→ ④ 엄마 아빠가 책임지는 걸 서로 미루려고 하는 대상이 '내'가 아니라 할머니의 강아지 꼬 미라는 것을 알게 되었다.

내용 이해하기

2 ㉠는 허둥지둥 민서를 찾는 엄마 아빠의 모습을 보고 준이가 한 말이 다. 얼굴이 눈물로 범벅이 된 엄마와 민서에게 애타게 전화를 걸고 있는 아 빠의 모습이 '나'를 책임지는 걸 서로 미루려는 것처럼 보이지 않는다는 뜻 이다.

서술자와 시점 알기

3 이 이야기 속 사건을 펼쳐서 전달해 주는, 글쓴이가 만들어 낸 허구적 인물 은 '나(민서)'이다. 그리고 '내'가 주인공이 되어 자신의 이야기를 하며 이야 기를 풀어가기 때문에 1인칭 주인공 시점의 이야기이다.

시점과 서술자 알기

4 서술자가 이야기 속에 주인공으로 등장하는 1인칭 주인공 시점의 이야기는 주인공 시점을 말한다.
㉠과 같이 '나(민서)'의 마음을 직접 표현하여 말한다.
(2)  이야기 밖에 서술자가 있는 것은 전지적 작가 시점에 대한 설명이다.
(3)  이 이야기의 서술자는 엄마가 아니라 '나(민서)'이다.

가운데 부분에 들어갈 내용 추론하기

5 '내'가 우리 엄마 아빠보다 좋은 부모가 되었고 준이와 함 께 가족이 되어 살아갈 꿈에 부풀었다는 내용을 추론할 수 있는 단서는 이 이야기에 나타나 있지 않다.

인물의 마음 짐작하기

6 엄마 아빠가 '나'를 발견하고 허둥지둥 달려와 한 말에서 '나'를 걱정하며 찾았다는 것을 알 수 있고, ㉡의 바로 뒤에 나오는 '나'의 말에서 '나'를 여 디에도 안기라는 말을 다시 따음였다는 것을 짐작할 수 있다.

7 예시 답안 민서가 들을까 봐 목소리를 낮춰서 이야기하거나 더 담담하고 괜 히 화가 났다. 강아지를 키우는 게 어디 쉬운 일인가? 그리고 씻기고 먹이 고 치우는, 꼬미와 관련된 모든 일이 결국 내 몫이 될 것은 너무도 뻔했기 때문에 반대할 수밖에 없었다. 다른 네 탓이란지 당신 혼자 키우라고 쏘아 붙었다. 남편과는 하나부터 열까지 정말 안 맞는다.

	서술자가 이야기 속에서 하는 역할을 알고, 엄마를 '나'로 표현하여 엄마의 마음 이나 생각을 이야기의 내용과 어울리게 썼습니다.
:)	서술자가 이야기 속에서 하는 역할을 알고 엄마를 '나'로 표현하여 썼지만, 엄마 의 마음이나 생각이 잘 드러나지 않거나 이야기의 내용과 어울리지 않습니다.
:(	서술자가 이야기 속에서 하는 역할을 정확히 알지 못하고, 엄마를 '나'로 표현하 여 쓰지 못했습니다.

15

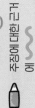

토론의 절차

- 찬성편과 반대편의 주장에 ◯
- 주장에 대한 근거에 ～～
- 상대편의 의견에 반박한 예에 [ ]

★ 새로 알게 된 낱말이나 어려운 낱말을 써 보세요.

3회독 ★ 내가 표시한 내용과 예시 답을 비교하며 읽어 보세요.

생물 다양성 보존에 인간이 개입해야 하는가

사회자: 5월 22일은 '세계 생물 다양성의 날'입니다. 유엔에 생물종의 다양성을 이해하고 보존하기 위해 정한 날입니다. 생물 다양성을 보존하기 위해 세계 여러 나라가 함께 노력하고 있는 가운데, 오늘의 인간의 개입으로 생태계를 교란할 수 있다는 우려를 표하는 목소리도 있습니다. '생물 다양성 보존을 위해 인간이 개입해야 한다'를 토론 주제로 토론을 시작하겠습니다.

토론 주제: 생물 다양성 보존을 위해 인간이 개입해야 한다.

▲

① 서연: 저는 (생물 다양성 보존을 위해 인간이 개입해야 한다)고 생각합니다. 그

찬성편의 주장

이유는 첫째, 여러 종이 얽히며 균형을 이루고 있는 생태계는 한편 파괴되면 복원이 어렵습니다. 최근 기후 변화로 인해 꿀벌 수가 감소하고 있습니다. 유엔 식

주장에 대한 근거

량 농업 기구에 따르면 전 세계 식량의 100대 농작물 중 70퍼센트 이상이 꿀벌의 수분으로 생산된다고 합니다. 꿀벌 수가 감소한다면 결국 인류도 식량난에 처하게 됩니다. 이렇듯 생태계 균형이 깨진다면 생태계뿐만 아니라, 인류에게도 부정적인 결과를 가져올 것이기 때문에 인간이 개입을 할 수밖에 없습니다.

둘째, 생물 다양성을 위협하는 기후 위기 문제는 환경 보호와 같은 방법을 통해 인간의 노력으로 해결해야 합니다. 열대 우림이나 맹그로브 숲은 여러 생물의 터전일 뿐만 아니라 많은 양의 탄소를 흡수하여 지구 온도를 낮추는 역할을 합니다. 이러한 자연을 지키고 보존하는 일에 인간이 적극적으로 개입해야 한다고 생각합니다.

▲

찬성편 주장 펼치기: 첫째, 한번 파괴되면 복원이 어려운 생태계는 균형이 깨지지 않도록 인간이 개입을 해야 한다. 둘째, 생물 다양성을 위협하는 기후 위기 문제는 인간의 노력으로 해결해야 한다.

② 준우: 저는 (생물 다양성 보존을 위한 인간의 개입에 반대합니다.) 첫째, 생태계

반대편의 주장

는 자연의 순리에 따르는 것이 가장 좋다고 생각합니다. 인간의 개입으로 오히려 생태계 평형이 깨질 수 있습니다. 그 예로, 인간이 다른 지역으로 옮겨 기온

동식물이 그 지역 생태계를 위협하는 생태계 교란종이 되는 문제가 있었습니다.

복잡한 생태계가 인간의 예측대로 움직이는 것이 아니기 때문에 인간의 개입은 생물 다양성의 예측하지 못한 부정적인 영향을 끼친다고 생각합니다.

둘째, 인간의 개입으로 기대할 수 있는 효과가 불확실합니다. 막대한 비용을 들여도 생태계를 인간의 의도대로 복원하는 일은 불가능에 가깝습니다. 생태계는 매우 복잡하게 상호 작용하고 있기 때문에 섣부른 인간의 개입이 오히려 더 큰 문제를 가져올 수도 있습니다.

▲

반대편 주장 펼치기: 첫째, 생태계는 자연의 순리에 따르는 것이 가장 좋다. 둘째, 인간의 개입으로 기대할 수 있는 효과가 불확실하다.

사회자: 찬성편과 반대편의 이전 잘 들었습니다. 상대편의 이전에 반론해 주세요.

③ 준우: 생물 다양성을 보존하기 위해 인간이 개입해야 한다는 찬성편의 이견 잘 들었습니다. 다만 자연을 개발하면서 파괴하는 것도 인간이고, 그것을 지키고 보

상대편의 의견에 대한 반박

존하려는 것도 인간입니다. [애초에 인간이 아무런 개입도 하지 않았더라면 생태계는 자연의 순리대로 균형을 유지하며 원활하게 작동하고 있지 않았을까요?]

▲

반대편의 반박: 애초에 인간이 아무런 개입도 하지 않았더라면 생태계는 자연의 순리대로 균형을 유지하며 원활하게 작동하고 있었을 것이다.

④ 서연: 동의합니다. 하지만 인간은 삶의 편리함을 위해 많은없이 동식물이 서식지를 파괴하며 도시를 확장하고 있습니다. 그렇기 때문에 [인간 스스로가 그 잘

상대편의 의견에 대한 반박

못을 되돌릴 수 있도록 인간이 개입해야 하는 것입니다.]

▲

찬성편 주장 펼치기: 인간 스스로가 그 잘못을 되돌릴 수 있도록 인간이 개입해야 한다.

사회자: 네, 반대편의 반론과 찬성편의 반박까지 잘 들었습니다.

1 생물 다양성   2 노력   3 생태계

102~103쪽

1 ④　　2 부작위인　　3 (1) 1, 2 (2) 3 (3) 4　　4 예술
5 (1) ② (2) ①　　6 예시 답안 참고

세부 내용 파악하기

1 2에서 준우는 생물 다양성 보존을 위한 인간의 개입에 반대하면서, 복잡한 생태계가 인간의 예측대로 움직이는 것이 아니라고 하였다.

① ➡ 4에서 인간의 개입없이 동식물의 서식지를 파괴하며 도시를 확장하고 있다고 하였다.

② ➡ 1에서 인간은 동물 수가 감소하면 결국 인류는 식량난에 처하게 된다고 하였다.

③ ➡ 토론의 시작 부분에서 사회자는 생물 다양성을 보존하기 위해 세계 여러 나라가 함께 노력하고 있다고 하였다.

⑤ ➡ 1에서 인간은 기후 위기 문제는 인간의 노력으로 해결해야 한다면서, 열대 우림이
나 맹그로브 숲은 많은 양의 탄소를 흡수하여 지구 온도를 낮추는 역할을 하므로 이러한 자연을 지키고 보존해야 한다고 하였다.

문맥 파악하기

2 인간이 다른 지역으로 옮겨 기른 동식물이 그 지역 생태계를 위협하는 생태계 교란종이 되는 문제가 있었다는 것을 예로 들어 인간의 개입은 생물 다양성 보존에 부정적인 영향을 끼친다고 주장하였다.

· '긍정적인': 바람직한.
· '부정적인': 바람직하지 못한.

토론의 절차 알기

3 1에는 생물 다양성 보존을 위해 인간이 개입해야 한다는 찬성편의 주장과 근거가 나타나 있고, 2에는 인간이 개입하지 않아야 한다는 반대편의 주장과 근거가 나타나 있다. 3에서는 찬성편 의견에 대해 반대편이 반론하고 있고, 4에서는 그에 대한 반박을 통해 찬성편이 자기편의 주장을 다지고 있다.

의견과 근거 파악하기

4 제시된 내용은 생태계는 매우 복잡하게 상호 작용하고 있기 때문에 섣부른 인간의 개입이 오히려 더 큰 문제를 가져올 수도 있다는 준우의 의견을 뒷받침하는 내용이다. 따라서 찬성편 서연이의 의견에 대한 반론이다.

자료의 관점 파악하기

5 (1)의 자료는 생태계는 자연의 순리에 따르는 것이 가장 좋다는 준우의 주장에 대한 근거로 알맞다.

(2)의 자료는 여러 종이 얽히며 균형을 이루고 있는 생태계는 한번 파괴되면 복원이 어렵기 때문에 생물 다양성 보존을 위해 인간이 개입해야 한다는 서연이의 주장에 대한 근거로 알맞다.

6 예시 답안 나는 생물 다양성 보존을 위해 인간이 개입해야 한다는 찬성편 주장에 동의한다. 인간이 생태계를 심각하게 파괴하고 있는 상황에서 생태계가 자연의 순리대로 움직이도록 볼 수만은 없는 상태이기 때문이다. 인간의 개입으로 인한 부작용을 최대한 줄이면서 생물 다양성을 보존할 수 있는 방안을 찾도록 노력해야 할 것이다.

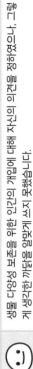

😄	생물 다양성 보존을 위한 인간의 개입에 대해 자신의 의견을 분명하게 정하고, 그렇게 생각한 까닭을 알맞게 썼습니다.
🙂	생물 다양성 보존을 위한 인간의 개입에 대해 자신의 의견을 정하였으나, 그렇게 생각한 까닭을 알맞게 쓰지 못했습니다.
🙁	생물 다양성 보존을 위한 인간의 개입에 대해 자신의 의견과 그렇게 생각한 까닭을 알맞게 쓰지 못했습니다.

16

설화의 특성

  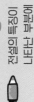 

3회독

★ 내가 표시한 내용과 예시 답을 비교하며 읽어 보세요.

설악산 울산 바위

강원특별자치도 속초시 설악산에는 2013년 대한민국의 명승 제100호로 지정
된 울산 바위가 있다. 울산 바위는 그 자체로도 명승의 가치를 지니지만 울산 바위
에서 보이는 경치도 빼어나 많은 사람들이 찾는 관광 명소이다. 울산 바위의 이름
에 대한 유래는 그 형상이 울타리처럼 생겨서 그렇다는 이야기와 천둥이 칠 때 하
늘이 울린다고 해서 울산 바위라고 불렸다는 설이 있다. 울산 바위에 얽힌 전설도
있는데 그 내용은 다음과 같다.

▲ 강원특별자치도 속초시 설악산에 있는 울산 바위에 얽힌 전설은 다음과 같다.

울산 바위에 얽힌 전설

(예답) 조물주가 금강산을 만들면서 경관을 빼어나게 하려고 전국의 잘생긴 바
위들은 모두 금강산으로 모이라고 하였다. 원래 경상남도 울산에 있던 울산 바위는
이 소식을 듣고, 고향인 울산을 떠나 금강산으로 향했다. 그러나 울산 바위는 울
덩치가 워낙 크고 무거워 걸음걸이가 느릴 수밖에 없었다. 쉬엄쉬엄 가다 보니 울
산 바위가 설악산에 도착했을 때쯤에는 이미 전국에서 모인 잘생긴 바위들이 금
강산을 다 차지하여 울산 바위가 들어갈 자리가 없다는 소식이 들렸다. [울산 바
위는 금강산에서 한자리 차지하겠다고 고향 울산을 떠나왔기에, 다시 울산으로 돌
아갈 면목이 없어서 (설악산)에 눌러앉고 말았다고 한다.]

▲ 옛날 조물주가 전국의 잘생긴 바위들은 모두 금강산으로 모이라고 하였다. 경상남도
울산에 있던 울산 바위가 금강산으로 향하던 중 설악산에 눌러앉고 말았다.

한편, 설악산에 눌러앉은 울산 바위 이야기를 들은 울산 고을 원님이 설악산 신
흥사에 있는 스님을 찾았다. 울산 고을 원님은 스님에게 "울산 바위는 울산 고을
이 소유인데 신흥사에서 울산 바위를 차지하고 있으니 그 대가로 세도를 내셔야

겠습니다."라고 하였다. 신흥사 스님은 억울했지만 세도를 내지 않을 마땅한 방법
이 없었다. 울산 고을에서는 해마다 꼬박꼬박 세를 받아 갔다.

▲ 울산 바위 이야기를 들은 울산 고을 원님이 설악산 신흥사에 찾아와 세도를 내라고 하
였고, 신흥사 스님은 꼬박꼬박 세를 냈다.

그러던 어느 해에 신흥사 스님이 울산 고을 원님에게 울 세도를 냈다. 울산 바위 하
고 있었다. 이를 본 동자승이 자기가 해결해 보겠다며 나섰다. 며칠 후 울산 고을
원님이 세도를 받기 위해 신흥사에 도착하였다. 동자승은 무척 곤란한 얼굴로 울
산 고을 원님에게 말하였다. "원님, 이제부터는 세를 줄 수 없는 사정이 되었습니
다. 바위를 다시 울산으로 옮겨 가 주십시오." 이에 골똘히 생각하던 울산 고을 원
님은 "바위를 제로 꼬 세기로 묶어 주면 가져가겠다."라고 하였다. 이 말을 들은
동자승은 청초호와 영랑호 사이에서 자라는 풀로 세 개를 만들었다.

▲ 그런 뒤 울산 바위에 불을 놓아 제로 꼰 세기를 만들었다.

▲ 어느 해에 동자승이 자신이 세도 문제를 해결해 보겠다고 나섰고 울산 고을 원님에게 맞
서 지혜롭게 해결하였다.

[황당맞은 제안을 지체로 잘 넘긴 동자승 덕분에 신흥사는 더 이상 세도를 내지
않게 되었고, 울산 고을 원님에게 울산 바위를 옮겨 가지도 못하였다고 한다.] 그런
일이 있은 후 청초호와 영랑호 사이를 '묶을 속(束)' 자와 '풀 초(草)' 자를 써서
'속초(束草)'라고 부르게 되었다고 한다.

▲ 청초호와 영랑호 사이를 '묶을 속(束)' 자와 '풀 초(草)' 자를 써서 '속초(束草)'라고 부
르게 되었다.

구조 읽기

1 전설 　2 설악산 　3 울산

★ 새로 알게 된 낱말이나
어려운 낱말을 써 보세요.

1 ③ **2** ②,⑤ **3** 한글 **4** ② **5** (1)○ **6** ②
7 예시 답안 참고

글의 종류 알기
1 이 이야기는 강원특별자치도 속초시 설악산에 있는 울산 바위에 얽힌 전설이다.

세부 내용 파악하기
2 멀지가 워낙 크고 무거운 울산 바위가 쉬엄쉬엄 가다 보니 설악산에 도착했을 때쯤 이미 전국에서 모인 잘생긴 바위들이 금강산을 다 차지하여 울산 바위가 들어갈 자리가 없다는 소식이 들렸다. 울산 바위는 금강산에서 한자리 차지하겠다던 고향 울산을 떠나왔기 때문에 다시 울산으로 돌아갈 면목이 없어서 설악산에 눌러앉고 말았다.

인물의 성격 파악하기
3 울산 바위는 금강산까지 가야 하는 것을 포기하고 설악산에 눌러앉았기 때문에 포기를 모르는 끈기 있는 인물이라고 한 들음이의 답은 맞지 않다.

전설의 특징 알기
4 이 이야기에 나오는 구체적인 장소는 ㉠'울산 바위'이다.

설화의 종류 구분하기
5 구체적인 장소나 사물, 인물에 얽혀 전해 내려오는 이야기인 전설에 해당하는 글은 (1)이다.
(2)에 나온 '혹부리 영감' 이야기는 민담이다.

적용하기
6 제시된 이야기는 남해 보광산의 이름이 금산으로 바뀐 까닭에 대한 전설이다. 울산 바위 전설에서는 청초호와 영랑호 사이를 속초라고 부르게 된 까닭이 나타나 있다. 따라서 두 이야기의 공통점은 지명의 유래가 담긴 전설이라는 것이다.
• 지명: 마을이나 지방, 산천, 지역 등의 이름.
• 유래: 사물이나 일이 생겨남.

7 예시 답안 울산 바위가 원래는 울산에 있던 바위인데 금강산에서 한자리 차지하겠다고 나섰다가 금강산까지 가지 못하고 설악산에 눌러앉았다는 이야기가 정말 재미있었다. 이런 이야기를 알고 울산 바위를 보니 더 친근하게 느껴졌다. 그리고 울산 바위가 설악산의 경관을 더욱 돋보이게 만들었기 때문에 울산 바위가 금강산까지 가지 못하고 설악산에 눌러앉게 된 것이 다행이라는 생각도 들었다.

😄	울산 바위에 얽힌 전설에 대한 생각이나 느낌을 알맞은 문장으로 잘 표현하여 썼습니다.
🙂	울산 바위에 얽힌 전설에 대한 생각이나 느낌보다는 줄거리를 중심으로 정리하여 썼습니다.
☹	울산 바위에 얽힌 전설의 내용을 바르게 이해하지 못했습니다.

17

사회·문화 분야의 글

- 중심 글감에 ○
- 문제 상황과 이에 대한 의견에 ~~~
- 글쓴이가 하고자 하는 말에 [ ]

★ 새로 알게 된 낱말이나 어려운 낱말을 써 보세요.

3회독 ★ 내가 표시한 내용과 해설 내용을 비교하며 읽어 보세요.

전통과 변화의 갈림길에 선 한복

경복궁과 같은 고궁에 가면 (한복)을 입고 사진 찍는 사람들을 쉽게 볼 수 있다. 궁궐에서 한복을 입고 사진을 찍어 사회관계망 서비스[SNS]에 공유하는 사람들도 많이 있었다. 한복을 입은 외국인들도 많이 볼 수 있는 만큼 궁궐에서의 한복 체험은 이미 한국의 관광 상품이자 문화 체험의 한 부분이 되었다. 한복을 체험하고 싶은 사람들이 찾는 궁궐 주변의 한복 대여점에 가 보면 "○○ 드라마에 나온 한복 주세요.", "케이팝[아이돌]이 음악 방송 무대에서 입었던 한복 있나요?" 등의 질문들을 쉽게 들을 수 있다고 한다. 한류의 위상이 높아지면서 한국 드라마에 나온 한복이나 유명 아이돌이 무대에서 입은 한복을 보고 한국의 와 이를 체험해 보려는 외국인들이 많아진 것이다.

▲ 한복의 유행으로 한복 체험을 하려는 사람들이 많아졌다.

이러한 한복 체험이 최근 논란이 되고 있다. 한복 체험 이상으로 사용되는 한복은 사진을 찍었을 때 예쁘게 나오는 형태로 많이 변형되었기 때문이다. 화려하게 보이기 위해 아래 한복에 금박 무늬를 넣거나 전통 한복에 없는 고름 대신 리본으로 끈을 묶는 한복도 있다. 또한 속치마 안에 철사를 넣어 드레스처럼 부풀린 입거나, 갈이가 먼 차림새도 많이 보인다고 한다. 이렇듯 최근 유행하는 (퓨전 한복)은 전통 한복의 정체성을 해친다는 논란이 일고 있다. 이에 국가유산청이 '올바른 퓨전 한복이 아니라 전통 한복 입기'를 시행하도록 하였다. 궁궐 주변 한복 대여점에서는 퓨전 한복이 아니라 전통 한복을 관광객에게 대여하도록 하겠다는 것이다.

▲ 한복 체험 이상으로 사용되는 퓨전 한복이 전통 한복의 정체성을 해친다고 하여 국가유산청이 올바른 전통 한복 입기를 시행한다고 하였다.

국가유산청이 이러한 움직임에 대해 찬성과 반대로 입장이 나뉘어 여러 의견이 분분하다. 우선 전통의 현대화가 필요하다며 퓨전 한복도 한복으로 봐야 한다는 시각이 있다. 의복은 시대에 따라서 계속 발전해 왔기에 현재의 요구에 따라 한복이 변화하는 것은 당연하다는 것이다. 또한 입고 벗기 불편한 전통 한복보다 입고 벗기가 편한 퓨전 한복의 장점은 간편함을 중시하는 현대인에게 적합하다고 한다.

▲ 의복은 시대에 따라서 계속 발전해 있기에 간편함을 중시하는 현대인에게 퓨전 한복이 적합하다는 의견이 있다.

반면 편리함과 대중성도 좋지만 오랜 전통인 우리 고유의 한복을 지키는 것이 무엇보다 중요하다는 의견도 있다. 이러한 주장을 하는 사람들은 우리 전통문화라 부르기 힘들 정도로 변형이 심하게 된 퓨전 한복을 입은 사람들을 볼 때마다 안타까웠다고 한다. 그리고 문화재청(현재의 국가유산청)이 2022년 '한복 생활'을 국가 무형 문화재(현재의 국가 무형유산)로 지정한 만큼, 전통 한복 자체가 우리 민족의 정체성이자 우리나라를 대표하는 전통이라고 말한다.

▲ 오랜 전통인 우리 고유의 한복을 지키는 것이 무엇보다 중요하다는 의견도 있다.

편하게 입을 수 있고 현대인의 눈에도 예쁜 퓨전 한복도 우리 문화를 알리는데 좋은 것이라고 생각한다. 하지만 전통 한복이 아니면 우리 전통문화의 정체성을 해치는 퓨전 한복을 입지 않고 전통 한복을 지켜야 할까? 아니면 우리 전통 한복을 지키면서도 현대인에게 환영받는 한복으로 자리 잡을 수 있도록 방법을 찾아야 할까? [전통을 올바로 지키면서도 현대인에게 환영받는 한복으로 자리 잡을 수 있도록 방법을 찾아야 할 때이다.]

▲ 전통을 올바로 지키면서도 현대인에게 환영받는 한복으로 자리 잡을 수 있도록 방법을 찾아야 한다.

 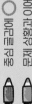 정답 확인

1 한복   2 정체성   3 전통

1 ④ **2** 퓨전 한복, 현대화 **3** ③ **4** (3)○
5 (1) 승민 (2) 서연 **6** ④ **7** 예시 답안 참고

문맥 파악하기

1 '공결 주변 한복 대여점에서는 퓨전 한복이 아니라 전통 한복을 관광객에게 대여하도록 하겠다는 것이다.'라는 ⓒ 뒤 문장에 나오는 내용을 통해 구가운산이 시행하려는 것은 '올바른 전통 한복 입기'라는 것을 알 수 있다.

문제 상황 파악하기

2 이 글은 퓨전 한복의 사례를 바탕으로 전통의 보존과 현대화의 갈림길에 있는 한복에 대한 자신의 생각을 쓴 것이다.

글을 읽는 방법 읽기

3 이 글과 같은 사회, 문화 분야의 글은 글쓴이의 관점에 따라 글의 결론과 해석이 여러 가지로 달라질 수 있기 때문에 글쓴이의 주장이 논리적이고 타당한지 비판하면서 읽어야 한다.
③➡ 사회·문화 현상을 다룬 글은 꼭 그 분야의 전문가가 아니어도 쓸 수 있다. 그리고 전문가가 분석하여 쓴 글이라도 올바르게 분석한 것인지 비판적으로 읽어야 한다.

글을 쓴 목적 읽기

4 읽는 이는 글쓴이가 제시한 해결 방안이 최선인지 우리 주변의 경우와 비교하면서 더 나은 해결 방안을 생각해 볼 수 있다. 이 글의 글쓴이는 마지막 문단에서 퓨전 한복에 대한 서로 다른 관점을 의문문의 형식으로 제시하고, 전통을 올바로 지키면서도 현대인에게 환영받는 한복으로 자리 잡을 수 있도록 방법을 찾아야 한다며 읽는 이가 이에 대해 생각해 보도록 하고 있다.

의견 파악하기

5 (1) 승민이는 티파니수 인접마을 예로 들어 전통의 현대화가 필요하다는 의견을 말하였다.
(2) 서연이는 전통을 잘 보존해서 후손들에게 물려줘야 한다는 의견을 말하였다.

다양한 관점 이해하기

6 한복 대여점 상인은 사람들이 퓨전 한복을 더 찾고, 전통 한복은 가격이 부담이 되었다고 말하였다. 따라서 한복 대여점 상인은 퓨전 한복의 장점을 강조하며 ④와 같이 말할 수 있다.

7 예시 답안 나는 퓨전 한복도 전통 한복에 바탕을 둔 우리 옷이라고 생각한다. 문화는 시대에 따라 변하면서 발전해 왔고, 사람들이 외면하는 문화는 오래가지 못하는데 전통 한복을 강요하는 것이 과연 좋은 일일까? 한복 체험은 정서적으로 한복을 갖춰 입고자 하는 것이 아니므로 입기 편한 것이 제일 중요하다고 생각한다. 입고 벗는 데 시간도 많이 걸리고 번거로운 전통 한복을 고집한다면 외국인들이 과연 한복 체험을 하고 싶어 할지 생각해 보아야 한다.

😄	퓨전 한복에 대한 내 의견을 그렇게 생각한 까닭과 함께 알맞게 정리하여 썼습니다.
🙂	퓨전 한복에 대한 내 의견을 정리하여 썼으나, 그렇게 생각한 까닭을 알맞은 문장으로 쓰지 못했습니다.
☹️	문제가 무엇인지 정확히 파악하지 못하여, 퓨전 한복에 대한 의견도 알맞게 정리하여 쓰지 못했습니다.

18

연설의 설득 전략

- 연설을 통해서 하고 싶은 말은 [　　]
- 마음이 나타난 부분에 ○
- 비유적 표현이 나타난 부분에 ～

★ 새롭게 알게 된 낱말이나 어려운 낱말을 써 보세요.

3 회독 + 내가 표시한 내용과 예시 답을 비교하며 읽어 보세요.

마야의 연설

저는 2008년에 제 회사인 '마야의 아이디어'를 시작했습니다. 겨우 여덟 살 때였죠. 그 출발점은 딱 세 가지였어요. 호기심과 디자인에 대한 열정이었습니다. 사업을 시작할 때 디자인에 대한 열정이었습니다. 동물 인형들을 앞에 놓고 플라스틱 피자를 파는 제 방이 가짜 레스토랑과는 차원이 다를 게 당연했어요. 이건 전체 차원이 될 것이고 근사할 거라고 생각했습니다.

▲ **저는 여덟 살 때 호기심과 환경에 대한 사랑, 예술과 디자인에 대한 열정을 가지고 회사를 시작했습니다.**

집 안에서 찾을 수 있는 재료로 머리띠를 만드는 것부터 시작했습니다. 가진 건 별로 없었지만 제게는 비전이 있었어요. 그걸 현실로 만들어 내고 싶었죠. 일을 계속하면서 모자와 스카프, 가방과 같은 새로운 아이템들을 만드는 법을 배웠습니다. 저는 이윤의 10%를 지역 및 세계 자선 단체들과 환경과 여성의 권리를 위해 일하는 단체에 기부하고 싶었어요. 사회 환원이 얼마나 중요한지 아니까요.

▲ **비전을 현실로 만들어 내고 싶었고, 일을 하면서 새로운 아이템들을 만드는 법을 배웠습니다.**

상품들뿐만 아니라 저만의 로고도 직접 만들었습니다. 고객 상담도 하고 브랜딩과 마케팅을 연구했어요. 코딩의 세계에 발을 들여놓고 HTML을 독학으로 배워서 열 살 때 제 공식 웹사이트를 만들기도 했죠. 비유적으로도 말 그대로도 거기 울린 모자를 쓰며 제가 쓸 것 같지 않은 건 정말 하나도 없었어요.

▲ **로고도 직접 만들고, 고객 상담도 하고 브랜딩과 마케팅을 연구하며, HTML을 독학으로 배워서 공식 웹사이트를 만들기도 했어요.**

사업이 성장하면서 아이템들을 온라인으로 팔기 시작했습니다. 이탈리아와 덴마크, 오스트레일리아, 일본 등 전 세계로 물건이 팔려 나갔죠. 열 살 때 『포브스』에서 저와 제 사업에 대한 기사를 싣고 싶다고 연락이 왔어요. 그렇게 텔레비전 프로그램과 온갖 잡지에 제 얼굴이 나오기 시작했습니다. (가슴이 벅차올랐어요)
~ 마음이 나타난 부분에
여덟 살 때 떠올렸던 아이디어 하나가 눈덩이처럼 커지면서 이런 여러 가지 기회를 내게 가져다줬다는 게 (믿기지가) 않았어요. 크든 작든 자신의 아이디어 하나하나에 관심을 갖는 게 얼마나 중요한지를 보여 주는 것이죠. [머릿속에 얼핏 떠오른 아이디어들을 그냥 스쳐 지나가게 내버려두지 마세요. 자신의 생각에 귀를 기울이세요.]

▲ **사업이 성장하면서 아이템들을 온라인으로 팔기 시작했고, 전 세계로 물건이 풀려 나갔어요. 머릿속에 떠오른 아이디어를 그냥 스쳐 지나가게 내버려두지 말고 자신의 생각에 귀를 기울이세요.**

가장 성공적인 연설가들도 다 긴장을 합니다. 내가 과연 세상과 맞닿을 수 있을지 모르면서 세상과 맞닿는 게 진정한 자신감이죠. 자신의 감정과 친구가 되어야 해요. 긴장하게 운전대를 맡기고 마음대로 가게 둘 수는 없습니다. 긴장감을 맞닿아서 앉혀 놓으세요. 계속 같이 가면서도 무대 위에서 멋지게 성공할 수 있습니다. 정답이에요. 전 공개 연설을 많이 합니다. 아직도 긴장은 하지만 전 프로예요. [자신의 목소리가 중요하다는 것을 기억하는 게 중요합니다.]

▲ **자신의 감정을 잘 다루어야 하고, 자신의 목소리가 중요하다는 것을 기억하는 게 중요합니다.**

비평가들이 여러분 앉을 막아설 수는 있지만 절대 여러분의 즐거움을 빼앗지는 못해요. 일이 두려워지거나 힘들어지더라도 즐거움을 훔쳐 갈 수는 없습니다. 왜 나하면 그건 여러분만의 것이니까요. [여러분이 끊임없이 앞으로 나아가며 의욕을 잃지 않는다면 결국 중요한 것은 바로 즐거움이에요.] 저를 따라서 다 함께 외쳐 봐요.

["나는 강하다. 나는 똑똑하다. 나는 멋지다. 나는 내면과 외면이 모두 아름답다. 나는 마음만 먹으면 무엇이든 이룰 수 있다. 나는 언제나 목표를 향해 전진할 것이다. 나는 다른 소녀들을 응원하고 지지할 것이다. 그리고 다른 소녀들 역시 나를 응원하고 지지해 줄 것이다. 나는 할 수 있다. 우리는 할 수 있다."]

끊임없이 앞으로 나아가며 의욕을 잃지 않는다면 결국 중요한 것은 즐거움이에요.
~ 마음이 나타난 부분에

▲

꼭꼭 다져

1 마야 2 온라인 3 즐거움 4 응원

122~123쪽

1 (2)○ 2 ④ 3 (1)① (2)④ (3)③ (4)② 4 한글
5 (2)○ 6 예시 답안 참고

연설의 목적 읽기

1 마야는 호기심과 환경에 대한 사랑, 그리고 열정, 이 세 가지가 출발점이었다는 것과 겨우 여덟 살 때 사업을 시작해서 성공할 수 있었던 자신의 경험을 진솔하게 전달하며 무엇이든 이에게 무엇이든 이룰 수 있다는 용기를 주고 있다.

세부 내용 파악하기

2 이 연설에 마야의 부모님이 해 주신 조언에 대한 내용은 담겨 있지 않다.
① 집 안에서 찾을 수 있는 재료로 머리띠를 만드는 것부터 시작했다.
② 상품들뿐만 아니라 로고도 직접 만들었으며, 고객 상담도 하고 브랜딩과 마케팅을 연구했다. 코딩의 세계에 발을 들여놓고 HTML을 독학으로 배워서 공식 웹사이트를 만들기도 했다.
③ 여덟 살 때 자신의 회사인 '마야의 아이디어'를 시작했다.
⑤ 열 살 때 『포브스』에 기사가 실리고 텔레비전 프로그램과 온갖 장치에 얼굴이 나오기 시작했고, 가슴이 벅차올랐다.

연설의 설득 전략 읽기

3 ㉠은 사업을 시작할 때의 열정을 진솔하게 전달하여 듣는 이에게 용기를 준다.
㉡은 자신이 유명해진 순간과 그때 느낀 감격을 솔직하게 말하여 듣는이의 공감을 이끌어 내었다.
㉢은 일이 두려워지거나 힘들어지더라도 이욕을 잃지 않는다면 즐거움은 내 것이라고 말하며 감동을 불러일으킨다.
㉣은 간절한 문장을 사용하여 "우리는 ... 할 수 있다!"라는 말하고자 하는 바를 명확하게 전달하고 있다.

비판하며 읽기

4 마야가 회사를 운영하면서 겪었던 어려움이 사례와 그것을 어떻게 극복했느지, 극복하면서 얻은 교훈 등도 함께 소개할 수 있다.
· '예슬' ➡ 마야가 언제, 어떤 마음으로 사업을 시작했는지에 대한 내용은 이미 마야의 연설에 나타나 있으므로 알맞지 않다.
· '지안' ➡ 마야는 '건강감은 뒷자석에 앉혀 놓으세요.'라고 비유적 표현을 사용하여 재미있게 표현하였다. 하지만 마야의 경험을 모두 비유적 표현으로 나타내는 것은 알맞지 않다.

연설의 설득 전략 비교하기

5 제시된 연설은 대한민국 헌법이라는 권위 있는 자료를 통해 논리적으로 설득하고 있다.

...

6 **예시 답안** 마야의 연설에서 가장 인상 깊은 부분은 '여덟 살 때 떠올렸던 아이디어 하나가 눈덩이처럼 커지더니 이런 여러 가지 기회를 내게 가져다줬다는 게 믿기지가 않아요.'이다. 왜냐하면 그냥 스쳐 지나갈 수 있었던 아이디어에 관심을 가지고 그것을 실행으로 옮겼다는 것이 대단하다는 생각이 들었기 때문이다. 자신이 생각한 것을 행동으로 옮긴 용기, 그리고 회사를 키우기 위해 많은 것을 스스로 공부한 열정, 세상과 맞붙는 자신감 등을 본받고 싶다.

>:D	마야의 연설에서 가장 인상 깊은 부분에 대해 정리하고, 그렇게 생각한 까닭을 알맞은 문장으로 썼습니다.
:)	마야의 연설에서 가장 인상 깊은 부분은 정리하였으나, 그렇게 생각한 까닭은 알맞은 문장으로 쓰지 못했습니다.
:(	마야의 연설에서 가장 인상 깊은 부분과 그렇게 생각한 까닭을 알맞게 쓰지 못했습니다.

19 세상을 가진 주장하는 글

글쓴이의 주장에 ○
사회적 문제나 현상에 ～～
주장을 뒷받침하는 근거에 [ ]

★ 새로 알게 된 낱말이나 어려운 낱말을 써 보세요.

3회독 ★ 내가 표시한 내용과 예시 답을 비교하며 읽어 보세요.

공룡 화석은 인류의 유산이다

1 최근 티라노사우루스의 조상인 육식 공룡 고르고사우르스의 화석이 경매에 나와 약 80억 원에 팔려 화제다. 사우지에서 발견된 화석에 대해 별다른 규정이 없는 미국에서는 이처럼 화석이 경매로 판매되는 것이 처음 있는 일은 아니다. 공룡 화석을 수집하는 부호들은 해가 갈수록 증가하고 있으며, 경매 시장에서 낙찰가도 매년 갱신되고 있다. 하지만 역사적·과학적으로 매우 중요한 연구 자료인 공룡 화석을 상업적으로 거래하고 사적으로 소유하는 것에 대한 우려의 목소리도 많이지 않고 있다.

사회적 문제나 현상

▲ 공룡 화석의 상업적 거래와 사적 소유에 대한 우려의 목소리가 많아지고 있다.

2 공룡 화석을 단지 미술품으로 취급하여 상업적인 목적으로 발굴하다 보면 그 과학적 발굴이 늦춰질 수 있다. 실제로 [공룡 화석에 대한 수요는 무분별하고 불법적인 발굴과 밀수로 이어졌다. 게다가 이 과정에서 유적지를 사용하여 유적지와 자연환경을 함부로 훼손하고 있다.]

주장을 뒷받침하는 근거

▲ 공룡 화석에 대한 수요는 무분별하고 불법적인 발굴과 밀수로 이어지고, 이 과정에서 유적지와 자연환경을 함부로 훼손하고 있다.

3 학자들이 발견한 화석만으로 연구했더라면, 지금과 같은 수준의 연구를 이루어 내기 어려웠을 것이라는 주장도 있다. 공룡 화석을 발견 도이 되다는 것을 알기 때문에 많은 사람이 발굴에 뛰어들고 있는 것이므로, 현재 발굴된 화석 중에서 상당량은 상업적인 목적으로 발굴된 것이다.

▲ 현재 발굴된 화석 중에서 상당량은 상업적인 목적으로 발굴된 것이다.

4 하지만 거대한 화석을 발굴한 뒤 소장하고 관리하는 것은 쉬운 일이 아니다. [개인이 화석을 구매해서 전문적으로 보관하지 못한다면 화석이 훼손될 수도 있다. 이것은 귀중한 연구 자료가 제대로 보존되지 못하고 사라진다는 뜻이다.]

▲ 개인이 거대한 화석을 구매해서 전문적으로 보관하지 못하면 귀중한 연구 자료가 사라진다는 뜻이다.

5 공룡 화석 수집 열풍은 박물관 등의 기관 입장에서도 달갑지 않다. 한 고생물학자는 CNN과의 이메일 인터뷰에서 "공룡 뼈대가 수백만 달러에 거래되는 세상에서, 그렇게 부풀려진 가격을 감당할 수 있는 과학자와 박물관이 어디에 있겠느냐."라고 반문했다. 보통 기관은 예산이 제한되어 있는데, [공룡 화석이 경매에 나오면 가격이 지나치게 치솟아 박물관과 같은 기관이 구매하기 어렵기 때문이다. 금전적인 부분뿐만 아니라 인력 또한 한정적이므로 발굴 작업이나 경매에 참여하는 횟수가 적을 수밖에 없다.]

▲ 공룡 화석 수집 열풍으로 가격이 지나치게 지나치게 치솟으면 예산이 제한되어 있는 기관은 구매하기 어렵다.

6 공룡을 구매한 화석이 과학자의 연구와 대중을 위한 전시에 사용될 수 있도록 하는 경우도 있다. 2020년 10월에는 전 세계에서 가장 완벽한 형태로 발굴됐다고 평가받는 티라노사우루스 렉스 화석 '스탠(Stan)'이 약 414억 원에 팔려서 가장 높은 공룡 화석 낙찰가로 신기록을 세웠다. 당시 고생물학계에서도 스탠을 영영 잃을 수도 있다고 우려했지만, 이를 소유한 아랍 에미리트 아부다비 문화 관광부가 스탠을 2025년 전시하기로 했다. 하지만 이는 고생물학적 입장에서는 매우 운이 좋은 경우이다.

▲ 구매한 화석이 과학자의 연구와 대중을 위한 전시에 사용될 수 있도록 하는 경우도 있지만 매우 드물다.

7 [공룡 화석은 단순한 수집품이 아니라 인류의 역사와 자연사를 이해하는 중요한 연구 자료이다. 공룡 화석의 무분별한 상업적 거래와 사적 소유는 과학적 연구를 방해하고, 유적지와 자연환경을 훼손시키며, 귀중한 자료의 보존을 위협한다.] 따라서 [공룡 화석의 발굴과 보존, 거래에 대한 엄격한 규제가 필요하다.] 정부와 관련 기관들은 협력하여 공룡 화석의 과학적 연구와 대중의 교육을 위해 사용될 수 있도록 보장해야 한다. 궁극적으로 공룡 화석이 인류 전체의 유산임을 인식하고, 이를 보호하고 보존하는 데에 힘써야 한다.

글쓴이의 주장

▲ 공룡 화석의 발굴과 보존, 거래에 대한 엄격한 규제가 필요하다. 공룡 화석이 인류의 전체의 유산임을 인식하고, 이를 보호하고 보존하는 데에 힘써야 한다.

글의 구조

1 공룡 화석 2 전시 3 연구 자료

1 (1)○ **2** ② **3** (3)○ **4** 준우 **5** (2)○ **6** ①, ②
7 예시 답안 참고

 주장 파악하기

1 글쓴이의 주장은 결론 부분인 **7** 문단에 잘 나타나 있다.
공룡 화석은 역사적·과학적으로 매우 중요한 연구 자료이므로 상업적으로 거래하고 사적으로 소유하는 것에 대한 엄격한 규제가 필요하다고 주장하였다.

주장을 뒷받침하는 근거 읽기
2 ②는 글쓴이의 주장과 반대되는 내용이다.
공룡 화석 수집 열풍은 공룡 화석의 가격을 지나치게 치솟게 해서 기관 입장에서는 담당지 않는다는 것이 글쓴이의 주장을 뒷받침하는 내용이다.

세부 내용 파악하기
3 이 글은 공룡 화석 수집 열풍으로 인하여 공룡 화석을 상업적으로 거래하고 사적으로 소유하는 사회 현상에 대한 문제점을 지적한 글이다.

글쓴이의 관점 파악하기
4 공룡 화석은 인류의 역사와 자연사를 이해하는 중요한 연구 자료이기 때문에 연구와 교육에 우선 활용될 수 있도록 규제가 필요하다는 준우의 의견이 이 글의 글쓴이와 비슷한 입장에서 말한 것이다.

 근거의 내용 이해하기
5 ⑦은 부풀려진 공룡 화석의 가격을 감당할 수 있는 과하자와 박물관이 없다는 뜻으로, 실제로 과하자와 박물관이 감당할 수 없는 가격은 연구와 교육에 부정적인 영향을 미친다는 점을 비판한 것이다.

주장을 뒷받침하는 자료 읽기
6 ①은 개인이 화석을 구매한 이후에 전문적으로 보관하지 못한다면 화석이 훼손될 수도 있다는 **4** 문단의 내용을 뒷받침할 수 있는 자료이다. 그리고
②는 박물관 등의 기관은 예산이 제한되어 있는데, 공룡 화석이 경매에 나오면 가격이 지나치게 치솟아 구매하기 어렵다는 **5** 문단의 내용을 뒷받침할 수 있는 자료이다.
③, ④, ⑤는 글쓴이와 달리 공룡 화석의 상업적 거래와 사적 소유를 긍정적으로 보는 입장에서 제시할 만한 자료들이다.

7 예시 답안1 찬성한다 / 공룡 화석의 상업적 거래가 활발해지면 고생물 화석에 관심을 가지는 사람이 많아지고, 사람들의 관심이 기원수록 화석 발굴 작업도 적극적으로 진행될 수 있기 때문이다. 고생물학자지만 화석 발굴을 하게 되다면 한정된 인원과 예산으로 찾아내지 못하는 화석 모한 맞추에 그대로 문힐 제 사라질 것이다.

예시 답안2 반대한다 / 공룡 화석은 인류의 역사와 자연사를 이해하는 중요한 연구 자료이기 때문이다. 약 2억 2천8백만 년 전부터 지구에 살다가 모두 사라진 공룡은 지구의 역사가 담긴 귀중한 유산이다. 단순히 개인이 사고팔 수 있는 수집품이 아니다. 그렇기에 전문적인 기관에서 전문적으로 관리하여야 한다.

>:D	공룡 화석의 상업적 거래와 사적 소유에 대한 의견과 그렇게 생각한 까닭을 알맞은 문장으로 썼습니다.
:)	공룡 화석의 상업적 거래와 사적 소유에 대한 의견과 그렇게 생각한 까닭이 밀접하게 연결되지 않습니다.
:(	공룡 화석의 상업적 거래와 사적 소유에 대한 의견과 그렇게 생각한 까닭이 잘 어울리지 않습니다.

20
희곡에 나타난 복선

- 인물의 행동에 대한 단서에 ○
- 복선이 드러난 부분에 〰
- 인물의 성격이 드러난 부분에 [ ]

★ 새로 알게 된 낱말이나 어려운 낱말을 써 보세요.

---

3 회독

라면 한 줄

엄마: 아가야, 세상은 커다란 (쥐덫)이란다. [항상 조심, 또 조심해야 해.]

라면한줄: 알아요. 하지만…… (고개를 반쯤 돌려) 앗, 이 냄새는 뭐지?

엄마: (침을 삼키고) 빨간 국물이 묻은 통째 머리구나. / 라면한줄: 통째 머리요?

엄마: 그 가게에 가다면 쪼르르 욕심 변도 가 보고 싶어요.

라면한줄: 우아! 욕심 변? 저도 가 보고 싶어요.

엄마: 엄마가 말했지. 세상은 커다란 쥐덫이라고.

▲ 엄마는 라면한줄에게 세상은 커다란 쥐덫이기 때문에 항상 조심해야 한다고 하였다.

갑자기 라면한줄이 무언가에 홀린 듯 입을 벌리고 코를 킁킁대며 한쪽으로 간다.

라면한줄: 아! 머리가 핑 돌 정도로 먹고 싶은 냄새예요.

엄마: (코를 벌룽벌룽하며) 이건 삼겹살 냄새야. / 라면한줄: 삼겹살?

엄마: 불에 구운 돼지고기란다. 아! 정말 오랜만이구나.

라면한줄: 엄마는 이 냄새를 어떻게 알아요?

엄마: 예전에 먹어 봤지. 세상을 멋지게 쪼르르, 쪼르르, 다닐 때.

라면한줄: 우아! 정말 대단해요. 엄마에게 세상은 쥐덫이 아니었나 보군요.

엄마: 쥐덫? 쥐덫? (주위를 살피며 두려움을 가지고 있음.)

라면한줄: 엄마, 갑자기 왜 그러세요? / 엄마: 아가야, 세상은……

라면한줄: 알겠어요, 쥐덫. 명심할게요. 그런데…… [삼겹살 맛은 너무 궁금해요.]

엄마: 삼겹살은…… (입맛을 다시며) 음, 뭐랄까? 한 번 먹으면 며칠 동안 배가 고프지 않았어. 막 힘이 나던걸.

라면한줄: 저도 먹고 싶어요. 이건 쪼르르 몇 번이나 해야 해요?

엄마: 한 번 쯤?

라면한줄: 그렇게 먼 곳이에요? 제가 삼겹살을 먹는 날이 올까요?

▲ 삼겹살 냄새를 맡은 라면한줄은 삼겹살을 먹고 싶어 하였다.

하수구 안, 하수구쥐의 광장.

시장: (앞으로 나서며) 요즘 삼겹살 근처에 매일 나타나는 야옹이 있습니다. 우리 이 삼겹살을 혼자서 차지하고 있다지요.

배부른이: 우리는 이제 삼겹살을 포기해야 하는 건가요?

시장: [(주먹을 불끈 쥐고) 포기라니요! 삼겹살 쓰레기봉투는 우리 겁니다.]

겁쟁이: 방법이 없잖아요.

시장: 제가 누굽니까? 시궁쥐의 전국 하수구쥐의 시장 아닙니까? 종지종지한 한섬섬 삼도 먹고, 외눈박이도 피하는 방법을 찾았습니다. 바로 저겁니다.

느림보가 방울을 꺼내 흔들고, 시장에게 준다.

배부른이: 그런데 누가 고양이 목에 방울을 달죠?

시장: 나타났습니다. 고양이 목에 방울을 달 용감한 전사!

모두 라면한줄을 쳐다본다.

시장: 여기 모든 시궁쥐들이 너를 라면 한 줄바에 못 구해 오는 겁쟁이라고 얕본지만, 넌, 네가 용감한 시궁쥐라는 걸 알고 있단다. / 라면한줄: 정말요?

시장: 지금 당장 출발해야 한다. 외눈박이가 낮잠을 자는 동안 방울을 달아야 하니까.

라면한줄: 제, 제가요? 이렇게요?

시장: 너에겐 영웅의 피가 흐르잖니. 네 아버지 전설적인 영웅 '쥐덫을 부순 쥐'니까 말이야.

▲ 시궁쥐들은 고양이 외눈박이 때문에 삼겹살을 포기해야 하는 상황에 처했지만, 시장은 외눈박이 목에 방울을 달 것을 제안하였고, 그 임무를 라면한줄이 맡게 되었다.

주조 읽기

1 쥐덫   2 삼겹살   3 방울

1 ① **2** ⑤ **3** ⓒ **4** 상인 **5** ⑤ **6** 쪽지
7 예시답안 참고

세부 내용 파악하기

1 엄마는 라면한줄에게 세상은 카다란 쥐덫이라고 말하며 항상 조심, 또 조심하기를 당부하였다.

인물의 성격과 속담 연결 짓기

2 조심성이 많은 엄마의 성격을 나타낼 수 있는 속담을 찾아본다.
① '고양이 목에 방울 달기' → 실행하기 어려운 것을 공연히 의논함을 이르는 말.
② '이 없으면 잇몸으로 산다' → 요긴한 것이 없으면 안 될 것 같지만 없으면 없는 대로 그럭저럭 살아나갈 수 있음을 이르는 말.
③ '뛰는 놈 위에 나는 놈 있다' → 아무리 재주가 뛰어나다 하더라도 그보다 더 뛰어난 사람이 있다는 뜻으로, 스스로 뽐내는 사람을 경계하여 이르는 말.
④ '구더기 무서워 장 못 담글까' → 다소 방해되는 것이 있다 하더라도 마땅히 할 일은 하여야 함을 비유적으로 이르는 말.
⑤ '돌다리도 두들겨 보고 건너라' → 잘 아는 일이라도 세심하게 주의를 하라는 말.

단서 읽기

3 제시된 단서를 통해 라면한줄이 엄마가 왜 ⓒ과 같은 행동을 하는지 알 수 있다. 쥐덫에 잡힌 경험이 있는 엄마는 세상은 카다란 쥐덫이라고 생각하며 두려워하고 항상 조심, 또 조심하는 것이다.

독서 파악하기

4 라면한줄의 아버지가 전설적인 영웅 '쥐덫을 부순 쥐'이고, 라면한줄에게는 영웅이 피가 흐른다는 시장의 말에서 라면한줄이 고양이 목에 방울을 달러 가게 될 것을 짐작할 수 있다.

글에 드러나지 않은 내용 추론하기

5 라면한줄은 세상은 카다란 쥐덫이라고 말하는 엄마와 함께 다니며 좁은 세 번 거리의 후루룩 라면집 쓰레기통만 주로 다니다 보니 다양한 먹이를 먹지 못하고 자주 굶는다는 것을 짐작할 수 있다.

단서 찾기

6 쥐덫에 잡혔던 경험이 있는 엄마는 항상 주위를 살피며 조심성이 많은 성격이 되었고, 제시된 글에 나온 걸으는 복도 한구석에서 쪽지를 발견했고 갑자기 다른 사람이 되었다.

생각 넓히기

7 예시답안 라면한줄은 방울을 가지고 외눈박이가 있는 삼겹살집으로 향한다. 처음으로 먼 길을 나선 라면한줄은 두렵기도 하지만 설렌다. 딸랑딸랑 방울 소리 때문에 외눈박이 목에 방울을 다는 것은 불가능했고, 그냥 돌아갈 수 없었던 라면한줄은 아빠처럼 어떻게 했을까 생각했다. 그때 아이들이 외눈박이를 괴롭혔고, 라면한줄이 아빠처럼 아이들의 발뒤꿈치를 물려고 뛰어들자 아이들은 "꺄, 쥐다!" 소리지며 도망갔다. 외눈박이가 라면한줄에게 고맙다고 인사하며 삼겹살을 먹으러 오라고 하였다.

:D	외눈박이에게 방울을 달기 위해 출발한 라면한줄에게 앞으로 어떤 일이 일어날지 상상하여 이 글의 내용과 자연스럽게 이어지도록 썼습니다.
:)	라면한줄에게 앞으로 일어날 일을 상상하여 썼으나, 이 글에 나타난 단서나 복선과는 잘 어울리지 않는 내용으로 썼습니다.
:(	라면한줄에게 앞으로 일어날 일로 어울리지 않거나, 이 글의 내용과 자연스럽게 이어지지 않는 내용으로 썼습니다.

달곰한 문해력 기본서

펴 낸 날	2024년 11월 15일(초판 1쇄)
펴 낸 이	주민홍
펴 낸 곳	(주)NE능률

지 은 이	NE능률 문해력연구회
개 발 책 임	장명준
개 발	김경민, 유자연, 이은영, 이해준
디자인책임	오영숙
디 자 인	조가영, 한새미
제 작 책 임	한성일

등 록 번 호	제1-68호
I S B N	979-11-253-4891-7

대 표 전 화	02 2014 7114
홈 페 이 지	www.neungyule.com
주 소	서울시 마포구 월드컵북로 396(상암동) 누리꿈스퀘어 비즈니스타워 10층